Die Liste der griffigen Bonmots und prägnanten Formulierungen Ciceros zum Recht, aber auch zu den professionellen Vertretern des Rechts ist lang. Aus der Fülle des Materials – sowohl Reden als auch Lehrschriften zur Rhetorik und Staatsphilosophie – hat Karl-Wilhelm Weeber eine ansprechende Auswahl einschlägiger »goldener Worte« zusammengestellt, die nichts von ihrer Aktualität eingebüßt haben. Dabei wechseln längere Zitate mit kurzen Sentenzen ab. Den lateinischen Zitaten wird die deutsche Übersetzung gegenübergestellt. Wie in *Ovid für Verliebte* (it 2269) strukturiert ein thematischer Raster die Blütenlese: Was ist Gerechtigkeit?; Gesetz und Wahrheit; Bürger und Staat; Natur und Vernunft; Der gute Jurist; Vom Umgang mit Richtern und Angeklagten; Die Macht der Rhetorik; Wie schmähe ich meine Widersacher richtig?

insel taschenbuch 2542

Cicero für Juristen

Cicero für Juristen

Ausgewählt, übersetzt
und mit einem Nachwort
von Karl-Wilhelm Weeber

Insel Verlag

Umschlagabbildung: Cesare Maccari. Cicero beschuldigt Catilina im Senat der Verschwörung, 1889 (Ausschnitt). Foto: Archiv für Kunst und Geschichte, Berlin

insel taschenbuch 2542
Erste Auflage 1999

Hinweise zu dieser Ausgabe am Schluß des Bandes
Vertrieb durch den Suhrkamp Taschenbuch Verlag
Umschlag nach Entwürfen von Willy Fleckhaus
Satz: Hümmer GmbH, Waldbüttelbrunn
Druck: Nomos Verlagsgesellschaft, Baden-Baden
Printed in Germany

1 2 3 4 5 6 – 04 03 02 01 00 99

Inhalt

Ac potius ignoratio iuris litigosa est quam scientia.

Accipere quam facere praestat iniuriam.

Aequitas lucet ipsa per se; dubitatio cogitationem significat iniuriae.

Bene adhibita ratio cernit, quid optimum sit, neglecta multis implicabitur erroribus.

Cavendum est etiam, ne maior poena quam culpa sit et ne isdem de causis alii plectantur, alii ne appellentur quidem.

Detur aliqui ludus aetati; sit adulescentia liberior, non omnia voluptatibus denegentur, non semper superet vera illa et derecta ratio; vincat aliquando cupiditas voluptasque rationem, dum modo illa in hoc genere praescriptio moderatioque teneatur: Parcat iuventus pudicitiae suae, ne spoliet alienam.

Recht und Vernunft, Natur und Gerechtigkeit

Eher führt die Unkenntnis des Rechts zum Streit als seine Kenntnis. leg. I 18

Es ist besser, Unrecht zu erleiden als zu tun. Tusc. V 56

Gerechtes Denken leuchtet von sich aus; Zögern und Zweifel zeigt an, daß man über Unrecht nachdenkt. off. I 30

Die gut angewandte Vernunft erkennt, was das Beste ist; wird sie aber vernachlässigt, so wird sie sich in viele Irrtümer verstricken. Tusc. IV 58

Man muß auch darauf achtgeben, daß die Strafe nicht größer ist als die Schuld und daß nicht aus den gleichen Gründen die einen bestraft und die anderen nicht einmal vor Gericht gestellt werden. Mil. 79

Der Jugend sei mancher Spaß gegönnt; die jungen Leute sollen sich ungezwungener verhalten. Zu ihrem Vergnügen soll man nicht grundsätzlich nein sagen; nicht immer braucht die übliche vernünftige Überlegung des Wahren und Richtigen den Ausschlag zu geben; manchmal sollen ruhig Lust und Leidenschaft über die Vernunft siegen, solange dabei folgende Regel

Est enim unum ius, quo devincta est hominum societas et quod lex constituit una, quae lex est recta ratio imperandi atque prohibendi.

Est enim virtus perfecta ratio.

Est igitur, quoniam nihil est ratione melius eaque est et in homine et in deo, prima homini cum deo rationis societas. Inter quos autem ratio, inter eosdem etiam recta ratio communis est: quae cum sit lex, lege quoque consociati homines cum dis putandi sumus.

Existunt etiam saepe iniuriae calumnia quadam et nimis callida, sed malitiosa interpretatione. Ex quo illud ›summum ius summa iniuria‹ factum est iam tritum sermone proverbium.

hinsichtlich des Maßes beachtet wird: Die jungen Leute sollen ihr eigenes Schamgefühl wahren und das der anderen nicht verletzen. Cael. 18

Es gibt nämlich nur ein einziges Recht, an das die Gemeinschaft der Menschen gebunden ist und das durch ein einziges Gesetz begründet wird: Dieses Gesetz ist die richtige Vernunft im Befehlen und Verbieten.
leg. I 42

Die Tugend ist nämlich die vollkommene Vernunft.
leg. I 45

Da es ja nichts Besseres gibt als die Vernunft und diese im Menschen wie in Gott ist, ist von daher die erste Gemeinsamkeit des Menschen mit Gott die der Vernunft. Zwischen denen aber, die die Vernunft gemeinsam haben, besteht auch die Gemeinsamkeit der richtigen Vernunft: Da diese das Gesetz ist, müssen wir davon ausgehen, daß die Menschen auch kraft des Gesetzes mit den Göttern verbunden sind. leg. I 23

Es kommen oft auch Ungerechtigkeiten durch eine gewisse Rechtsverdrehung und eine allzu clevere, aber böswillige Auslegung des Rechts vor. Daher ist das berühmte, durch häufiges Zitieren schon abgegriffene Sprichwort entstanden ›Höchstes Recht ist höchste Ungerechtigkeit‹. off. I 33

Fraus enim distringit, non dissolvit ius iurandum.

Fundamentum autem est iustitiae fides, id est dictorum conventorumque constantia et veritas.

Fundamentum enim est perpetuae commendationis et famae iustitia, sine qua nihil potest esse laudabile.

Illa autem diuturna pax Numae mater huic urbi iuris et religionis fuit.

Ita fit, ut nulla sit omnino iustitia, si neque natura est, eaque, quae propter utilitatem constituitur, utilitate illa convellitur, utque si natura confirmatura ius non erit, virtutes omnes tollantur. Ubi enim liberalitas, ubi patriae caritas, ubi pietas, ubi aut bene merendi de altero aut referendae gratiae voluntas poterit existere? Nam haec nascuntur ex eo, quod natura propensi sumus ad diligendos homines, quod fundamentum iuris est. (...) Quodsi populorum iussis, si principum decretis, si sententiis iudicum iura constituerentur, ius esset latrocinari, ius adulterare, ius testamenta falsa supponere, si haec suffragiis aut scitis multitudinis probarentur.

Betrug streift den Eid nur ab, löst ihn aber nicht ab.
off. III 113

Grundlage der Gerechtigkeit aber ist die Zuverlässigkeit, d. h. zu dem zu stehen, was man gesagt und vereinbart hat, und wahrhaftig zu sein. off. I 23

Grundlage für fortdauernde Empfehlung und guten Ruf ist ja die Gerechtigkeit, ohne die nichts lobenswert sein kann. off. II 71

Der langandauernde Frieden des Numa aber war für unsere Stadt (Rom) die Mutter des Rechts und der Religion. rep. V 3

Folglich gibt es überhaupt keine Gerechtigkeit, wenn sie nicht von Natur aus da ist. Die Form von Gerechtigkeit, die sich nach der Nützlichkeit bestimmt, wird durch diese Nützlichkeit wieder zerstört, und alle Tugenden gehen verloren, wenn die Natur das Recht nicht festigt. Wo werden dann nämlich Großzügigkeit, wo Vaterlandsliebe, wo Pflichtbewußtsein, wo die Bereitschaft, sich um den Nächsten zu kümmern oder ihm Dankbarkeit zu erweisen, entstehen können? Denn all diese positiven Verhaltensweisen gründen sich auf die Tatsache, daß wir von Natur aus geneigt sind, unsere Mitmenschen zu lieben; und das ist die Grundlage des Rechts. (...) Bestünde das Recht nur aus den Geboten

Itaque illa tria, quae proposita sunt ad gloriam, omnia iustitia conficit, et benivolentiam, quod prodesse vult plurimis, et ob eandem causam fidem et admirationem, quod eas res spernit et neglegit, ad quas plerique inflammati aviditate rapiuntur.

Ius enim semper est quaesitum aequabile; neque enim aliter esset ius.

Iustitia sine prudentia multum poterit, sine iustitia nihil valebit prudentia.

Meminerimus autem etiam adversus infimos iustitiam esse servandam.

Nam hoc ipsum ita iustum est, quod recte fit, si est voluntarium.

der Völker, den Beschlüssen der führenden Leute, den Entscheidungen der Richter, dann wäre es Recht, andere zu berauben, es wäre Recht, Ehebruch zu begehen, es wäre Recht, Testamente zu fälschen, wenn all dies durch Abstimmungen und Beschlüsse einer Mehrheit für gut geheißen würde. leg. I 42 f.

Daher erfüllt die Gerechtigkeit alle drei Bedingungen für den Ruhm: Wohlwollen, weil sie sehr vielen nützen will, und aus demselben Grund Treue und Bewunderung, weil sie diejenigen Dinge verschmäht und vernachlässigt, zu denen sich die meisten aus Habgier hinreißen lassen. off. II 38

Stets ist ja das Recht gesucht worden, das Gleichheit garantiert. Sonst gäbe es nämlich kein Recht. off. II 42

Gerechtigkeit ohne Klugheit wird viel vermögen, Klugheit ohne Gerechtigkeit aber nichts. off. II 34

Wir wollen uns aber daran erinnern, daß Gerechtigkeit auch gegen die am niedrigsten Gestellten zu wahren ist. off. I 41

Denn gerade das, was zu Recht geschieht, ist dann gerecht, wenn es auf Freiwilligkeit beruht. off. I 28

Nec enim peccata rerum eventu, sed vitiis hominum metienda sunt.

Nihil est enim liberale, quod non idem iustum.

Nihil honestum esse potest, quod iustitia vacat.

Nihil est profecto praestabilius, quam plane intellegi nos ad iustitiam esse natos, neque opinione, sed natura constitutum esse ius.

Nihil est veritatis luce dulcius.

Nos cum iustitiam quaeramus, rem multo omni auro cariorem, nullam profecto molestiam fugere debemus.

Nos veri iuris germanaeque iustitiae solidam et expressam effigiem nullam tenemus, umbra et imaginibus utimur. Eas ipsas utinam sequeremur! Feruntur enim ex optimis naturae et veritatis exemplis.

Die Größe der Verfehlung ist ja nicht an ihren Auswirkungen, sondern am Fehlverhalten der Täter zu messen. parad. 20

Nichts ist nämlich großzügig, was nicht zugleich gerecht ist. off. I 43

Nichts kann sittlich gut sein, was ohne Rücksicht auf die Gerechtigkeit geschieht. off. I 62

Nichts ist wirklich von größerer Bedeutung, als daß klar erkannt wird, daß wir zur Gerechtigkeit geboren sind und daß das Recht nicht auf subjektive Meinung, sondern auf die Natur gründet. leg. I 28

Nichts ist süßer als das Licht der Wahrheit. Acad. II 31

Wenn wir nach dem Wesen der Gerechtigkeit fragen, die ja eine wertvollere Sache ist als jedes Gold, dürfen wir wahrhaftig keine Mühsal scheuen. rep. III 8

Wir haben keine feste und ausgeprägte Gestalt des wahren Rechts und der echten Gerechtigkeit, wir benutzen Schatten und Abbilder. Hielten wir uns doch wenigstens an diese! Sie gehen ja auf die besten Vorbilder der Natur und der Wahrheit zurück. off. III 69

Omnia sunt incerta, cum a iure discessum est.

Populus est non omnis hominum coetus quoquo modo congregatus, sed coetus multitudinis iuris consensu et utilitatis communione sociatus.

Prudentia sine iustitia nihil valet ad faciendam fidem.

Qui igitur adipisci veram gloriam volet, iustitiae fungatur officiis.

Quibus enim ratio a natura data est, isdem etiam recta ratio data est; ergo et lex, quae est recta ratio in iubendo et vetando; si lex, ius quoque. Et omnibus ratio: ius igitur datum est omnibus.

Quibus rebus intellegitur studiis officiisque scientiae praeponenda esse officia iustitiae, quae pertinent ad hominum utilitatem, qua nihil homini esse debet antiquius.

Alles ist unsicher, wenn man einmal den Weg des Rechts verlassen hat. fam. IX 16, 3

Ein Volk ist nicht jede Vereinigung von Menschen, die sich auf irgendeine Weise zusammengeschart haben, sondern der Zusammenschluß einer größeren Menschenzahl, die sich auf der Basis gemeinschaftlichen Rechts und gemeinsamen Nutzens zusammengefunden haben. rep. I 39

Klugheit ohne Gerechtigkeit ist auf keinen Fall stark genug, Vertrauen zu schaffen. off. II 34

Wer also wahren Ruhm anstrebt, der erfülle die Pflichten der Gerechtigkeit. off. II 43

Wem nämlich die Natur Vernunft gegeben hat, dem hat sie auch die richtige Vernunft gegeben; also auch das Gesetz, das die richtige Vernunft im Befehlen und Verbieten ist; wenn das Gesetz, dann auch das Recht. Und allen ist die Vernunft gegeben, also ist auch allen das Recht gegeben. leg. I 33

Aus diesen Gründen ist einzusehen, daß den Bemühungen um Wissen und den daraus folgenden Pflichten die Pflichten der Gerechtigkeit vorzuziehen sind. Sie zielen darauf ab, den Menschen Nutzen zu bringen,

Quod enim est ius civile? Quod neque inflecti gratia neque perfringi potentia neque adulterari pecunia possit; quod si non modo oppressum, sed etiam desertum aut neglegenter asservatum erit, nihil est, quod quisquam sese habere certum aut a patre accepturum aut relicturum liberis arbitretur.

Quodsi amicitia per se colenda est, societas quoque hominum et aequalitas et iustitia per se expetenda. Quod ni ita est, omnino iustitia nulla est. Id enim iniustissimum ipsum est, iustitiae mercedem quaerere.

Quodsi homines ab iniuria poena, non natura arcere deberet, quaenam sollicitudo vexaret impios sublato suppliciorum metu?

und das ist das Wichtigste, was es für den Menschen geben muß. off. I 155

Worin besteht das Wesen des bürgerlichen Rechts? Es läßt sich durch Einflußnahme nicht verbiegen, durch Macht nicht brechen, durch Geld nicht korrumpieren. Nicht nur wenn es unterdrückt wird, sondern auch wenn es nur unbeachtet bleibt oder zu nachlässig beachtet wird, gibt es nichts, von dem jemand glauben könnte, es sei sein sicherer Besitz, den er vom Vater erben oder seinen Kindern hinterlassen könne.

Cael. 73

Wenn aber die Freundschaft um ihrer selbst willen gepflegt werden muß, dann müssen auch das Gemeinschaftsgefühl unter den Menschen, die Rechtsgleichheit und die Gerechtigkeit um ihrer selbst willen angestrebt werden. Ist das nicht der Fall, so gibt es überhaupt keine Gerechtigkeit. Denn das wäre wirklich das Ungerechteste: einen Lohn für Gerechtigkeit bekommen zu wollen. leg. I 49

Wenn aber nur die Strafe die Menschen vom Unrechttun abhalten müßte, nicht aber seine natürliche Veranlagung, welche Sorge sollte dann die Übeltäter noch quälen, wenn es keine Angst vor Strafen mehr gibt?

leg. I 40

Quotus enim quisque reperietur, qui impunitate et ignoratione omnium proposita abstinere possit iniuria?

Renuntioque vobis (...) hoc verissimum esse: sine summa iustitia rem publicam geri nullo modo posse.

Sed iustitiae primum munus est, ut ne cui quis noceat, nisi lacessitus iniuria, deinde, ut communibus pro communibus utatur, privatis ut suis.

Sed praesto est domina omnium et regina ratio, quae conixa per se et progressa longius fit perfecta virtus.

Sequitur (...) et ius et omne honestum sua sponte esse expetendum. Etenim omnes viri boni ipsam aequitatem et ius ipsum amant, nec est viri boni errare et diligere quod per se non sit diligendum: per se igitur ius est expetendum et colendum. Quodsi ius, etiam iustitia.

Denn wie wenige wird man finden, die fähig sind, kein Unrecht zu begehen, wenn garantiert ist, daß sie es straflos begehen könnten und ohne daß jemand davon erführe! off. III 72

Ich (Scipio) erkläre euch feierlich (...), daß dies absolut wahr ist: Ein Staat kann ohne höchste Gerechtigkeit auf keinen Fall regiert werden. rep. I 70

Die erste Aufgabe der Gerechtigkeit ist es aber, daß keiner einem anderen schadet, es sei denn, er wäre durch Unrecht provoziert worden; die zweite, daß man Gemeingut als Gemeingut und Privates als das Seine behandelt. off. I 20

Aber es gibt auch die Vernunft, die Herrin und Königin über alles. Wenn sie sich auf sich selbst stützt und sich weiterentwickelt, wird sie zur vollkommenen Tugend. Tusc. II 47

Es folgt daraus, daß Recht und alles sittlich Gute um ihrer selbst willen erstrebt werden müssen. Denn alle rechtschaffenen Menschen lieben die Gleichheit vor dem Gesetz und das Recht als solche, und es ist ausgeschlossen, daß ein rechtschaffener Mensch sich irrt und etwas liebt, das nicht um seiner selbst willen liebenswert ist: Also muß das Recht um seiner selbst willen

Sunt autem quaedam officia etiam adversus eos servanda, a quibus iniuriam acceperis. Est enim ulciscendi et puniendi modus – atque haud scio an satis sit eum, qui lacessierit, iniuriae suae paenitere –, ut et ipse ne quid tale posthac et ceteri sint ad iniuriam tardiores.

Suscipienda quidem bella sunt ob eam causam, ut sine iniuria in pace vivatur.

Utilius est autem absolvi innocentem quam nocentem causam non dicere.

Via iuris eiusmodi est quibusdam in rebus, ut nihil sit loci gratiae.

erstrebt und gepflegt werden. Wenn aber das Recht, dann auch die Gerechtigkeit. leg. I 48

Es müssen aber auch bestimmte Pflichten denen gegenüber beachtet werden, von denen man Unrecht erlitten hat. Es gibt nämlich ein Maß in der Rache und in der Bestrafung. Und vielleicht reicht es schon aus, wenn derjenige, der provoziert hat, sein Unrecht bereut, so daß er selbst künftig nichts Derartiges verübt und andere weniger schnell geneigt sind, Unrecht zu begehen. off. I 34

Kriege muß man aus dem Grund auf sich nehmen, damit man ohne Unrecht im Frieden leben kann.
off. I 35

Es ist aber nützlicher, wenn ein Unschuldiger freigesprochen wird, als wenn einem Schuldigen nicht der Prozeß gemacht wird. S. Rosc. 56

In manchen Dingen ist der Gang des Rechts so, daß für persönliche Rücksichten kein Platz ist. ad Qu. fr. I 2, 10

Accedit vero, quo facilius percipi cognoscique ius civile possit, quod minime plerique arbitrantur, mira quaedam in cognoscendo suavitas et delectatio.

Accusatorem firmum verumque esse oportet.

Aliud est enim esse artificem cuiusdam generis atque artis, aliud in communi vita et vulgari hominum consuetudine nec hebetem nec rudem.

Diem scito esse nullum, quo die non dicam pro reo.

Diligentia, inquam, quae cum omnibus in rebus tum in causis defendendis plurimum valet: Haec praecipue colenda est nobis, haec semper adhibenda; haec nihil est quod non adsequatur; causa ut penitus ... nota sit, diligentia est.

Der gute – und der nicht so gute – Jurist

Es kommt aber ein weiterer Umstand hinzu, mit dessen Hilfe sich das bürgerliche Recht leichter begreifen und erlernen läßt – die wenigsten halten das allerdings für möglich –, nämlich ein ganz erstaunlicher Reiz und Genuß beim Lernen. de or. I 193

Ein Ankläger muß standhaft und aufrichtig sein.
div. in Caec. 29

Denn es ist eine Sache, Meister auf einem bestimmten erlernbaren Fachgebiet zu sein, und eine zweite, im menschlichen Leben und alltäglichen Umgang mit Menschen nicht plump und ungeschickt zu sein.
de or. I 248

Sei sicher: Es vergeht kein Tag, an dem ich nicht für einen Angeklagten einträte. ad Qu. fr. III 3, 1

Die Gewissenhaftigkeit, sagte ich, der in allen Dingen größte Bedeutung zukommt, vor allem aber bei der Prozeßführung: Sie muß bei uns ganz besonders ausgebildet werden; sie muß stets angewendet werden, für sie gibt es nichts Unerreichbares. Um einen Fall … ganz und gar zu kennen, braucht es Gewissenhaftigkeit.
de or. II 148

Equidem, cum conligo argumenta causarum, non tam ea numerare soleo quam expendere.

Est enim sine dubio domus iuris consulti totius oraculum civitatis.

Exitum iudicii foedum et perniciosum lenissime tuli.

Fortes igitur et magnanimi sunt habendi non qui faciunt, sed qui propulsant iniuriam.

Iam vero ipsa per sese quantum adferat eis, qui ei (= iuris civilis cognitioni) praesunt, honoris, gratiae, dignitatis, quis ignorat?

Inter ingenium quidem et diligentiam perpaulum loci reliquum est arti: ars demonstrat tantum, ubi quaeras, atque ubi sit illud, quod studeas invenire; reliqua sunt in cura, attentione animi, cogitatione, vigilantia, adsiduitate, labore; complectar uno verbo, quo saepe iam usi sumus, diligentia; qua una virtute omnes virtutes reliquae continentur.

Ich jedenfalls, wenn ich Argumente für Prozesse sammle, pflege sie nicht so sehr zu zählen wie zu gewichten. de or. II 309

Denn ohne Zweifel ist das Haus eines Rechtsgelehrten ein Orakel für die gesamte Bürgerschaft. de or. I 200

Den schändlichen und verderblichen Ausgang des Prozesses habe ich mit größtem Gleichmut ertragen. ad Qu. fr. III 7, 1

Als tapfer und großherzig haben also nicht diejenigen zu gelten, die Unrecht begehen, sondern die es abwehren. off. I 65

Wer aber wüßte nicht, wieviel Ehre, Anerkennung und Achtung gerade sie (= die Rechtskenntnis) an und für sich denen einbringt, die über sie verfügen! de or. I 198

Zwischen Begabung und Gewissenhaftigkeit bleibt nur sehr wenig Raum für das rhetorische Handwerk. Die Rhetorik zeigt nur, wo man suchen und wo man das, um das es einem geht, ausfindig machen kann. Der Rest beruht auf Sorgfalt, Aufmerksamkeit, Nachdenken, Wachsamkeit, Ausdauer und Arbeit; um es mit einem Wort zu sagen, das wir schon oft verwendet haben: auf Gewissenhaftigkeit: Diese eine Tugend schließt alle übrigen Tugenden (des Redners vor Gericht) ein. de or. II 150

Ita nonnulli, dum operam suam multam existimari volunt, ut toto foro volitare et a causa ad causam ire videantur, causas dicunt incognitas; in quo est illa quidem magna offensio vel neglegentiae, susceptis rebus, vel perfidiae, receptis; sed etiam illa maior opinione, quod nemo potest de ea re, quam non novit, non turpissime dicere.

Legem enim sibi ipsi dicunt innocentiae, continentiae virtutumque omnium, qui ab altero rationem vitae reposcunt, atque eo magis, si id, ut ante dixi, faciunt nulla re commoti nisi utilitate communi. Nam qui sibi hoc sumpsit, ut corrigat mores aliorum ac peccata reprehendat, quis huic ignoscat, si qua in re ipse ab religione offici declinarit?

So führen manche Anwälte in der Absicht, als sehr beschäftigt zu gelten, Prozesse, mit denen sie nicht vertraut sind, damit man sieht, wie sie über das ganze Forum schwirren und von Prozeß zu Prozeß hasten. Damit handeln sie sich freilich einen schweren Vorwurf ein, entweder den mangelnder Gewissenhaftigkeit, wenn sie die Prozesse von sich aus übernommen haben, oder den der Unzuverlässigkeit, wenn sie ein angebotenes Mandat angenommen haben. Noch schwerer wiegt aber nach allgemeiner Auffassung der Vorwurf, daß niemand über eine Sache, die er nicht richtig kennt, anders als höchst blamabel sprechen kann.

de or. II 101

Diejenigen erlegen sich selbst die strenge Verpflichtung zur Unbescholtenheit, zur Uneigennützigkeit und zu allen anderen guten Eigenschaften auf, die von einem anderen Rechenschaft über seine Lebensführung fordern; und zwar um so mehr, wenn sie das, wie vorhin gesagt, aus keinem anderen Grunde tun, als weil sie sich dem Gemeinwohl verpflichtet fühlen. Denn wer könnte gegenüber demjenigen nachsichtig sein, der es sich erlaubt hat, das Benehmen anderer zu verbessern und ihre Verfehlungen zu rügen, wenn er selbst bei einer Gelegenheit von gewissenhafter Pflichterfüllung abgewichen ist? Verr. II 3, 1 f.

Mihique posthac bonos potius defendere liceat quam improbos accusare necesse sit.

Nam in iure cavere, consilio iuvare atque hoc scientiae genere prodesse quam plurimis vehementer et ad opes augendas pertinet et ad gratiam.

Nam quis umquam dubitavit, quin in re publica nostra primas eloquentia tenuerit semper urbanis pacatisque rebus, secundas iuris scientia? Cum in altera gratiae, gloriae, praesidi plurimum esset, in altera persecutionum cautionumque praeceptio; quae quidem ipsa auxilium ab eloquentia saepe peteret, ea vero repugnante vix suas regiones finisque defenderet.

Nec enim ille magis iuris consultus quam iustitiae fuit. Ita ea, quae proficiscebantur a legibus et ab iure civili, semper ad facilitatem aequitatemque referebat neque instituere litium actiones malebat quam controversias tollere.

Möge es mir künftig vergönnt sein, lieber rechtschaffene Menschen verteidigen zu dürfen als Unredliche anklagen zu müssen. Verr. II 5, 189

Denn vor Gericht Beistand zu leisten, mit Rat zu helfen und mit derartigem Wissen möglichst vielen nützlich zu sein trägt ordentlich zur Mehrung des Vermögens und des Ansehens bei. off. II 65

Denn wer hat jemals bezweifelt, daß in unserem Staat die Redekunst stets im friedlich-zivilen Leben die wichtigste Rolle gespielt hat und die Rechtskenntnis die zweitwichtigste? Der Grund dafür: Die eine bringt Popularität, Ruhm und Macht ein, die andere lehrt, wie man jemanden gerichtlich verfolgt und wie man Sicherheiten bekommt. Die Juristerei mußte allerdings selbst die Redekunst oft um Hilfe bitten und konnte, wenn die sich verweigerte, nur mit Mühe ihr Revier und ihr Territorium verteidigen. or. 141

Er (Servius Sulpicius) war ja weniger ein Anwalt des Rechts als der Gerechtigkeit. Daher verband er die Normen der Gesetze und des bürgerlichen Rechts stets mit entgegenkommender Fairneß und Billigkeit, und er wollte lieber Streitigkeiten beseitigen als Rechtsverfahren anstrengen. Phil. IX 11

Non enim causidicum nescio quem neque clamatorem aut rabulam hoc sermone nostro conquirimus.

Non tam ut prosim causis, elaborare soleo, quam ut ne quid obsim; non quin enitendum sit in utroque, sed tamen multo est turpius oratori nocuisse videri causae quam non profuisse.

Num est ex iudicum genere et forma?

Num ius civile vestrum ex libris cognosci potest? Qui quamquam plurimi sunt, doctorem tamen usumque desiderant. Quamquam tu, si attente leges, si saepius, per te omnia consequere, ut certe intellegas; ut vero etiam ipsi tibi loci proposita quaestione occurrant, exercitatione consequere.

Wir suchen ja in unserem Gespräch nicht irgendeinen Winkeladvokaten und keinen Schreihals oder Rabulisten. de or. I 202

Ich bemühe mich in der Regel weniger darum, dem Interesse meiner Fälle zu dienen, als darum, ihnen nicht in irgendeiner Hinsicht zu schaden – was nicht heißt, daß man sich nicht in beidem anstrengen müßte, doch ist es für einen Redner viel schmachvoller, wenn er seinem Fall geschadet als ihm nur nicht gedient zu haben scheint. de or. II 295

Hat er denn überhaupt das Zeug und Format zum Richter? Phil. V 13

Läßt sich etwa euer bürgerliches Recht aus Büchern lernen? Obwohl es sehr viele davon gibt, setzen sie doch einen Lehrer und praktische Erfahrung voraus. Du magst es zwar, wenn du aufmerksam, wenn du öfter liest, autodidaktisch dazu bringen, daß du alles genau verstehst; daß dir aber die einschlägigen Stellen auch einfallen, wenn ein konkreter juristischer Sachverhalt vorliegt, das wirst du nur durch Erfahrung erreichen. fam. VII 21

Nunc autem homines in speculis sunt; observant, quemadmodum sese unus nostrum gerat in retinenda religione conservandisque legibus.

Nunc insidet quaedam in optimo quoque virtus, quae noctes et dies animum gloriae stimulis concitat atque admonet: non cum vitae tempore esse dimittendam commemorationem nominis nostri, sed cum omni posteritate adaequandam.

Omnes enim artes aliter ab eis tractantur, qui eas ad usum transferunt, aliter ab eis, qui ipsarum artium tractatu delectati nihil in vita sunt aliud acturi.

Omnibus enim rebus is qui princeps in agendo est ornatissimus et paratissimus esse debet.

Prohibenda autem maxime est ira puniendo; numquam enim iratus qui accedet ad poenam mediocritatem illam tenebit, quae est inter nimium et parum.

Jetzt aber liegen die Leute auf der Lauer: Sie beobachten, wie sich ein jeder von uns benimmt, wie er sich an sein juristisches Verantwortungsgefühl hält und die Gesetze wahrt. div. in Caec. 46

Nun wohnt gerade in dem Tüchtigsten ein Leistungswille, der seinen Geist Tag und Nacht mit den Stacheln des Ruhmes antreibt und mahnt, nicht mit unserer Lebensspanne dürfe man die Erinnerung an unseren Namen erlöschen lassen, man müsse sie vielmehr auf die gesamte Nachwelt ausdehnen. Arch. 29

Denn alle Disziplinen werden anders betrieben von denen, die sie zur praktischen Anwendung bringen, als von denen, die Freude an der Behandlung der Disziplinen selbst empfinden und deshalb im Leben nichts anderes mehr betreiben wollen. de or. III 86

Denn der oberste Ankläger muß in allen Angelegenheiten am besten gerüstet und gewappnet sein.
div. in Caec. 47

Zorn aber muß man vom Strafen ganz besonders fernhalten; denn niemals wird ein Zorniger, der sich ans Strafen begibt, jenes mittlere Maß halten, das zwischen zu streng und zu mild liegt. off. I 89

Quid tam porro regium, tam liberale, tam munificum quam opem ferre supplicibus, excitare adflictos, dare salutem, liberare periculis, retinere homines in civitate?

Quod autem argumentorum genus cuique causarum generi maxime conveniat, non est artis exquisitae praescribere, sed est mediocris ingeni iudicare.

Sed quonam modo ius civile defendes, cum omnia tua causa facias, non civium?

Suavis autem est et vehementer saepe utilis iocus et facetiae; quae, etiam si alia omnia tradi arte possunt, naturae sunt propria certe neque ullam artem desiderant.

Trahimur omnes studio laudis et optimus quisque maxime gloria ducitur.

Was gibt es, das so königlich, so hochherzig, so großzügig ist, wie wenn man um Schutz Flehenden Hilfe zuteil werden läßt, Bedrängte aufrichtet, Rettung bringt, aus Gefahren befreit und Menschen das Bürgerrecht erhält? de or. I 32

Welche Art von Argumenten aber für eine jede Art von Prozessen am besten paßt, richtet sich nicht nach den Vorschriften eines ausgeklügelten rhetorischen Systems, sondern nach dem Urteil eines ganz normalen Verstandes. de or. II 175

Aber wie willst du das bürgerliche Recht vertreten, wenn du alles nur mit Blick auf dich selbst tust, nicht mit Blick auf die Bürger? fam. VII 14, 2

Angenehm aber und ungemein nützlich sind häufig Witz und humorvoller Esprit. Das sind freilich, mag sich auch alles andere systematisch lehren lassen, ganz sicher individuelle Gaben der Natur, die keine systematische Unterweisung erfordern. de or. II 216

Wir alle lassen uns mitreißen vom Streben nach Ruhm, und gerade die Tüchtigsten lassen sich ganz besonders vom Ruhmesgedanken leiten. Arch. 26

Vult hoc multitudo, patitur consuetudo, fert etiam humanitas: iudicis est semper in causis verum sequi, patroni non numquam veri simile, etiam si minus sit verum, defendere.

Das will die große Masse, das läßt die Tradition zu, das duldet auch die Menschlichkeit: Aufgabe des Richters ist es stets, in Prozessen der Wahrheit nachzugehen; Aufgabe des Anwalts, manchmal das Wahrscheinliche, auch wenn es nicht ganz wahr sein mag, zu verteidigen. off. II 51

Accusator rerum ordinem persequitur et singula argumenta quasi hastas in manu conlocat, vehementer proponit, concludit acriter, confirmat tabulis, decretis, testimoniis, accuratiusque in singulis commoratur, iis orationis praeceptis, quae ad incitandos animos valent, et in reliqua oratione paulum digrediens de cursu dicendi utitur et vehementius in perorando. Est enim propositum, ut iratum efficiat iudicem.

Quid faciendum est contra reo? Omnia longe secus. Principia sumenda ad benevolentiam conciliandam; narrationes aut amputandae, quae laedunt, aut relinquendae, si totae sunt molestae; firmamenta ad fidem posita aut per se diluenda aut obscuranda aut digressionibus obruenda; perorationes autem ad misericordiam conferendae.

Vom Umgang mit Richtern und Anklägern, Rechtsanwälten und Zeugen

Der Ankläger geht nach der Reihenfolge der Tatsachen vor und nimmt die einzelnen Beweismittel wie Speere in die Hand; er trägt leidenschaftlich vor, schlußfolgert scharfsinnig, belegt seine Ausführungen mit Urkunden, Beschlüssen und Zeugenaussagen, verweilt ziemlich eingehend bei jedem Beweismittel, hält sich an die Regeln der Redekunst, mit denen man die Zuhörer gegen den Angeklagten aufbringen kann, und zwar in seiner gesamten Rede, wobei er von seiner argumentativen Marschroute ein wenig abweichen darf, ganz besonders aber in seinen abschließenden Ausführungen. Sein Anliegen ist es nämlich, den Richter zornig zu machen.

Was muß dagegen der Anwalt des Angeklagten tun? Alles ganz anders! Die Einleitung muß er dazu nutzen, das Wohlwollen (der Richter) zu gewinnen. Sachvorträge müssen dort gekürzt werden, wo etwas Anstoß erregt, völlig ausgespart werden, wo etwas zur Gänze belastend wäre. Die Beweismittel, die vorgelegt wurden, um die Klage zu stützen, müssen entweder in sich selbst entkräftet oder in den Hintergrund gedrängt oder durch Abschweifungen geradezu zugeschüttet werden. Die Schlußausführungen aber müssen darauf abzielen, Mitleid zu erregen. part. 14f.

Adiungenda etiam est facilitas in audiendo, lenitas in decernendo, in satis faciendo ac disputando diligentia.

Alia fori vis est, alia triclini, alia subselliorum ratio, alia lectorum; non idem iudicum comissatorumque conspectus, lux denique longe alia est solis, alia lychnorum.

Aliud est male dicere, aliud accusare. Accusatio crimen desiderat, rem, ut definiat, hominem, ut notet, argumento probet, teste confirmet. Maledictio autem nihil habet propositi praeter contumeliam.

Suspicari licet, cum duae summae sint in oratore laudes, una subtiliter disputandi ad docendum, altera graviter agendi ad animos audientium permovendos, multoque plus proficiat is, qui inflammet iudicem, quam ille, qui doceat, elegantiam in Laelio, vim in Galba fuisse.

Zu einem Verhör gehört Freundlichkeit, zur Entscheidung Gelassenheit, zur Festsetzung des Strafmaßes und zum Abwägen des Für und Wider Gewissenhaftigkeit. ad Qu. fr. I 21

Auf dem Forum braucht man ein anderes Durchsetzungsvermögen als im Speisezimmer, für Gerichtsbänke gilt ein anderes Verhalten als für Speisesofas. Richter vor sich zu sehen ist etwas anderes als der Anblick von Zechkumpanen. Das Licht der Sonne ist schließlich ein ganz anderes als das von Kronleuchtern. Cael. 67

Üble Nachrede ist das eine, eine Anklage das andere. Eine Anklage braucht ein Vergehen, einen Sachverhalt, der sie inhaltlich bestimmt, einen Menschen, der sie vorträgt, mit Argumenten untermauert und mit Zeugen stützt. Üble Nachrede aber hat kein Ziel außer der Herabsetzung eines anderen in seiner Ehre. Cael. 6

Man darf davon ausgehen, daß Genauigkeit bei Laelius zu finden war, Durchsetzungskraft aber von Galba ausging. Denn es gibt zwei größte Vorzüge beim Redner: Zum einen das Talent, genau vorzutragen, um die Hörer zu informieren, zum anderen die Fähigkeit, nachdrücklich aufzutreten, um die Gefühle der Zuhörer zu beeinflussen. Bei weitem erfolgreicher ist aber der, der den Richter emotional packt, als der, der ihn nur informiert. Brut. 89

Cum patrono malo, cum vocem in dicendo obtudisset, suadebat Granius, ut mulsum frigidum biberet, simul ac domum redisset, ›perdam‹ inquit ›vocem, si id fecero‹: ›melius est‹ inquit ›quam reum‹.

De te autem, Catilina, cum quiescunt, probant; cum patiuntur, decernunt; cum tacent, clamant.

Fiet etiam suavis oratio, cum aliquid aut inusitatum aut inauditum aut novum dicas. Delectat etiam, quidquid est admirabile, maximeque movet ea, quae motum aliquem animis ciet, oratio, quaeque significat oratoris ipsius amabilis mores.

Harum causarum principia suspiciosa ad acerbitatem ab accusatore ponentur, denuntiabiturque commune insidiarum periculum excitabunturque animi, ut adtendant. A reo autem querela conflati criminis conlectarumque suspicionum et accusatoris insidiae et item commune periculum proferetur animique ad misericordiam adlicientur et modice benevolentia iudicum conligetur.

Granius riet einem schlechten Anwalt, als der sich seine Stimme beim Reden heiser geschrien hatte, kalten Honigwein zu trinken, sobald er nach Hause gekommen sei. »Wenn ich das tue, werde ich meine Stimme ruinieren«, entgegnete der. »Besser die Stimme als den Angeklagten!« erwiderte Granius. de or. II 282

Bei dir aber, Catilina, billigen sie (die Senatoren) mein Vorgehen, indem sie ruhig bleiben; indem sie es geschehen lassen, beschließen sie es; indem sie schweigen, schreien sie es hinaus. Cat. I 21

Die Rede wird auch dann eingängig, wenn man irgend etwas Ungewöhnliches, Unerhörtes oder Neues sagt. Freudiges Interesse findet auch alles, was Erstaunen erregt, und besonderen Eindruck macht eine Rede, die irgendeine Gefühlsregung hervorruft und die den liebenswürdigen Charakter des Redners selbst zum Ausdruck bringt. part. 22

Den Anfang dieser Prozeßreden wird der Ankläger mit Verdächtigungen gestalten, um Bitterkeit zu erregen, und er wird die allgemeine Gefahr von Anschlägen (auf die Rechtssicherheit) an die Wand malen und die Zuhörer aufstacheln, bloß auf der Hut zu sein. Der Verteidiger dagegen wird die Klage vorbringen, der Vorwurf sei konstruiert und die Verdachtsmomente zusammengesucht. Er wird die Hinterhältigkeit des Anklägers be-

Hic quantum fit mali, si iratum, si non stultum, si non levem testem laeseris! Habet enim et voluntatem nocendi in iracundia et vim in ingenio et pondus in vita.

Illud admonemus tamen ridiculo sic usurum oratorem, ut nec nimis frequenti, ne scurrile sit, nec subobsceno, ne mimicum, nec petulanti, ne improbum, nec in calamitatem, ne inhumanum, nec in facinus, ne odi locum risus occupet, neque aut sua persona aut iudicum aut tempore alienum.

In eis etiam causis, in quibus omnis res nobis cum iudicibus est, non cum populo, si a corona relictus sim, non queam dicere.

tonen und ebenfalls die allgemeine Gefahr für die Rechtssicherheit beschwören. Er wird das Mitleid der Zuhörer zu gewinnen und auf maßvolle Weise das Wohlwollen der Richter zu erringen suchen. part. 121

Wieviel Übel richtet man an, wenn man einen erzürnten, einen nicht dummen, einen ernst zu nehmenden Zeugen verletzt! Denn der hat in seinem Zorn den Willen, uns zu schaden, in seiner Intelligenz die Kraft und in seiner Lebensführung das Gewicht dazu. de or. II 302

Was scherzhafte Bemerkungen in einer Rede angeht, so raten wir aber zu folgendem vorsichtigem Gebrauch: Der Redner soll Scherzhaftes nicht zu oft einflechten, damit es nicht clownesk wirkt, nicht sexuell anstößig, damit es nicht wie aus einem schmierigen Theaterstück klingt, nicht frech, damit es nicht böswillig, nicht auf ein Unglück bezogen, damit es nicht menschenverachtend erscheint, nicht in Bezug auf das Verbrechen, damit nicht Gelächter an die Stelle von Abscheu tritt, und nicht unangemessen hinsichtlich seiner eigenen Person, hinsichtlich der Richter und der Umstände. or. 88

Auch in Fällen, in denen wir Redner es die ganze Zeit über nur mit den Richtern, nicht mit dem Volk zu tun haben, könnte ich trotzdem nicht sprechen, wenn ich mich von der Zuhörerschaft verlassen fühlte. Brut. 192

In iudiciis accusatori fere, quae ad iracundiam, reo plerumque, quae ad misericordiam pertinent; nonnumquam tamen et accusator misericordiam movere debet et defensor iracundiam.

Ita omnis ratio dicendi tribus ad persuadendum rebus est nixa: ut probemus vera esse, quae defendimus; ut conciliemus eos nobis, qui audiunt; ut animos eorum, ad quemcumque causa postulabit motum, vocemus.

Iudicia non metuis. Si propter innocentiam, laudo, sin propter vim, non intellegis, qui isto modo iudicia non timeat, ei quid timendum sit?

Maleficum quempiam adduxeris aut crudelem: cavendum erit semper, ne qua in re asperior aut inhumanior fuisse videare. Corruptorem, adulterum: providendum diligenter, ne quod in vita vestigium libidinis appareat: omnia postremo quae vindicaris in altero tibi ipsi vehementer fugienda sunt. Etenim non modo accusator, sed ne obiurgator quidem ferendus est is qui, quod in altero vitium reprehendit, in eo ipse reprehenditur.

Vor Gericht muß der Ankläger fast immer vortragen, was Zorn auslöst, der Verteidiger meist das, was Mitleid erregt; manchmal allerdings muß der Ankläger Mitleid erregen und der Verteidiger Zorn auslösen.

part. 58

So konzentriert sich die gesamte Redekunst auf drei Notwendigkeiten: Wir müssen plausibel machen, daß wahr ist, was wir vertreten; wir müssen die Sympathie der Zuhörer erringen, und wir müssen deren Gefühle in der Richtung beeinflussen, die der Prozeß jeweils erfordert. de or. II 115

Die Gerichte fürchtest du nicht? Richtig, wenn du unschuldig bist! Wenn aber nur deshalb nicht, weil du auf Gewalt setzt, dann hast du keine Ahnung, was der zu befürchten hat, der nur auf diese Weise keine Angst vor Gerichten hat. Phil. II 115

Du bringst einen gewalttätigen oder grausamen Menschen vor Gericht? Dann mußt du stets achtgeben, daß du selbst bei keiner Gelegenheit zu schroff oder zu rücksichtslos gewesen zu sein scheinst. Einen Verführer oder Ehebrecher? Dann mußt du dich sorgfältig vorsehen, daß in deinem eigenen Leben auch nicht die Spur von sexueller Ausschweifung erscheint. Mit einem Wort: Alles, was du bei einem anderen gerichtlich verfolgst, mußt du selbst streng meiden. Denn nicht nur

More maiorum comparatum est, ut in minimis rebus homines amplissimi testimonium de sua ne dicerent.

Nam et de toto genere testium, quam id sit infirmum, saepe dicendum est et argumenta rerum esse propria, testimonia autem voluntatum.

Neque tam multa quam nostra aetate iudicia fiebant, neque hoc, quod nunc fit, ut causae singulae defenderentur a pluribus. (...) Sed nihil vitiosius quam, cum unum corpus debeat esse defensionis, nasci de integro causam, cum sit ab altero perorata. Omnium enim causarum unum est naturale principium, una peroratio; reliquae partes quasi membra suo quaeque loco locata suam et vim et dignitatem tenent.

der Ankläger, sondern auch schon der Tadler ist unerträglich, wenn er selbst für ein Fehlverhalten gerügt werden kann, das er an einem anderen rügt. Verr. II 3, 4

Die Tradition hat es so eingerichtet, daß selbst bei den geringsten Angelegenheiten die bedeutendsten Menschen kein Zeugnis über eine Sache ablegen dürfen, die sie selbst betrifft. S. Rosc. 103

Denn was das ganze Völkchen der Zeugen angeht, so muß man oft darlegen, wie unzuverlässig es ist, und auch muß man darüber sprechen, daß Beweise zu den Fakten gehören, Zeugenaussagen aber vom Willen der Zeugen abhängen. part. 49

Damals gab es nicht so viele Gerichtsverhandlungen wie zu unserer Zeit; auch wurden nicht, wie es heutzutage geschieht, einzelne Prozesse von mehreren Verteidigern geführt. (...) Es gibt nichts Verkehrteres, als daß, wo doch die Verteidigung aus einem Guß sein müßte, der Fall von neuem aufgerollt wird, nachdem ihn ein anderer schon zu Ende geführt hat. Denn alle Fälle haben einen einzigen natürlichen Anfang und einen einzigen natürlichen Schluß. Die übrigen Teile haben wie Glieder jeweils ihren bestimmten Platz und behaupten dort ihre Wirkung und ihre Stellung.
Brut. 207 ff.

Non sum tam ignarus, iudices, causarum, non tam insolens in dicendo, ut omni ex genere orationem aucuper et omnis undique flosculos carpam atque delibem.

Omnium nunc oculi coniecti sunt hoc ipso tempore in unum quemque nostrum: qua fide ego accusem, qua religione hi iudicent, qua tu ratione defendas.

Quapropter hoc te primum rogo, ne contrahas ac demittas neve te obrui tamquam fluctu sic magnitudine negotii sinas contraque erigas ac resistas sive etiam ultro occurras negotiis.

Quin ipsa iudicia non solemus omnia tractare uno modo. Privatas causas, et eas tenuis, agimus subtilius, capitis aut famae scilicet ornatius.

Scelus est accipere ab reo: quanto magis ab accusatore, quanto etiam sceleratius ab utroque!

Ich bin kein so unerfahrener Rechtsanwalt, ihr Richter, kein so ungeübter Redner, daß ich für meine Rede nach allen möglichen Gesichtspunkten auf die Jagd gehe und alle nur möglichen Blüten abpflücke und daran nasche. Sest. 119

Aller Augen sind jetzt in eben diesem Augenblick auf jeden von uns gerichtet: Mit welcher Pflichttreue ich anklage, mit welcher Gewissenhaftigkeit diese Richter urteilen und auf welche Weise du die Verteidigung führst. Verr. II 5, 175

Deshalb bitte ich dich vor allem darum: Werde nicht kleinmütig und mutlos und laß dich nicht von der Größe der Aufgabe wie von einer Flutwelle überspülen. Raffe dich statt dessen auf, stemme dich dagegen und gehe die Aufgaben sogar von dir aus offensiv an. ad Qu. fr. I 1, 4

Ja, selbst vor Gericht pflegen wir nicht alles im gleichen Ton zu behandeln. Bei Privatprozessen, zumal bei geringfügigen, sprechen wir schlichter, geht es dagegen um das Leben oder den guten Ruf, natürlich rhetorisch ausgefeilter. fam. IX 24, 1

Es ist schon ein Verbrechen, von einem Angeklagten etwas anzunehmen. Um wieviel mehr, vom Ankläger, und um wieviel verbrecherischer noch, von beiden!
Verr. II 2, 78

Sed apud me, ut apud bonum iudicem, argumenta plus quam testes valent.

Sed his iudiciis nihil audeo confidere.

Tacitae magis et occultae inimicitiae timendae sunt quam indictae atque apertae.

Ut attente autem audiamur, trium rerum aliqua consequemur; nam aut magna quaedam proponemus aut necessaria aut coniuncta cum ipsis, apud quos res agetur.

Bei mir aber haben wie bei einem guten Richter Beweise ein stärkeres Gewicht als Zeugen. rep. I 59

Aber diesen Gerichtshöfen wage ich überhaupt nicht zu vertrauen. ad Qu. fr. III 1, 15

Stille und verborgene Feindschaften muß man mehr fürchten als offen erklärte. Verr. V 182

Daß man uns aber aufmerksam zuhört, werden wir durch einen der drei folgenden Gesichtspunkte erreichen: Wir müssen nämlich entweder etwas Wichtiges vortragen oder etwas Notwendiges oder etwas, das in Beziehung zu den Personen steht, vor denen der Fall verhandelt wird. part. 32

Atqui nos legem bonam a mala nulla alia nisi naturae norma diiudicare possumus. Nec solum ius et iniuria natura diiudicatur, sed omnino omnia honesta et turpia.

Cum saeptus sis legibus et iudiciorum metu, non sunt omnia timenda neque ad omnes insidias praesidia quaerenda.

Docemur non infinitis concertationumque plenis disputationibus, sed auctoritate nutuque legum domitas habere libidines, coercere omnis cupiditates, nostra tueri, ab alienis mentis, oculos, manus abstinere. Fremant omnes licet, dicam quod sentio: bibliothecas me hercule omnium philosophorum unus mihi videtur XII tabularum libellus, si quis legum fontis et capita viderit, et auctoritatis pondere et utilitatis ubertate superare.

Gesetz und Gesetze

Doch können wir ein gutes Gesetz von einem schlechten nur unterscheiden, wenn wir die Natur als Richtschnur nehmen. Nicht nur Recht und Unrecht werden unter Bezugnahme auf die Natur unterschieden, sondern überhaupt alles sittlich Gute und Verwerfliche.
leg. I 44

Wenn man von Gesetzen und der Furcht vor Gerichtshöfen umhegt ist, braucht man nicht alles zu fürchten, und man braucht sich nicht um Schutz gegen alle möglichen Nachstellungen zu kümmern. Phil. XII 26

Wir lernen nicht aus endlosen polemischen Diskussionen, sondern durch die Autorität und den Wink der Gesetze, unsere heftigsten Wünsche im Zaum zu halten, alle Begierden zu zügeln, unser Eigentum zu schützen und unsere Sinne, Augen und Hände von fremdem Eigentum fernzuhalten. Mögen alle ruhig aufbrausen – ich sage, was ich denke: Das eine Büchlein der 12 Tafeln* scheint mir die Bibliotheken aller Philosophen, blickt man auf die Quellen und Ursprünge der Gesetze, wahrhaftig zu übertreffen, und zwar sowohl hinsicht-

* Die älteste, 450 v. Chr. auf zwölf Bronze- oder Holztafeln geschriebene Gesamtkodifikation des römischen Rechts

Est enim lex nihil aliud nisi recta et a numine deorum tracta ratio imperans honesta, prohibens contraria.

Est quidem vera lex recta ratio, naturae congruens, diffusa in omnis, constans, sempiterna, quae vocet ad officium iubendo, vetando a fraude deterreat (...). Nec vero aut per senatum aut per populum solvi hac lege possumus, neque est quaerendus explanator aut interpres Sextus Aelius, nec erit alia lex Romae, alia Athenis, alia nunc, alia posthac, sed et omnes gentes et omni tempore una lex et sempiterna et inmutabilis continebit, unusque erit communis quasi magister et imperator omnium: deus.

Improbi sunt, qui pecunias contra leges cogunt, stulti, qui, quod licere iudicatum est, praetermittunt.

lich des Gewichts seines Ansehens als auch im Hinblick auf den Reichtum seines Nutzens. de or. I 196

Ein Gesetz ist ja nichts anderes als eine richtige, aus göttlichem Gebot abgeleitete Verhaltensnorm, die das sittlich Gute gebietet und dessen Gegenteil unterbindet.
Phil. XI 28

Das wahre Gesetz ist nämlich die wahre Vernunft. Sie ist in Übereinstimmung mit der Natur, bezieht sich auf alle Menschen, ist beständig und ewig. Sie ruft uns mit Geboten zur Pflicht, schreckt uns mit Verboten von Verbrechen ab (...). Von diesem Gesetz können wir uns weder durch einen Senats- noch durch einen Volksbeschluß lösen, und dafür braucht man auch keinen Sextus Aelius als Erklärer oder Deuter, und es wird nicht anders in Rom sein, nicht anders in Athen, nicht anders heute und nicht anders morgen, sondern alle Völker wird zu allen Zeiten ein einziges ewiges und unveränderliches Gesetz binden, und einer wird gleichsam der gemeinsame Lehrer und Gebieter aller sein: Gott.
rep. III 33

Ein Verbrecher ist, wer Gelder gesetzwidrig eintreibt, ein Dummkopf, wer ausläßt, was ihm durch Gerichtsbeschluß erlaubt ist. Verr. II 3, 219

Insidiatori vero et latroni quae potest inferri iniusta nex? (...) Est igitur haec, iudices, non scripta, sed nata lex, quam non didicimus, accepimus, legimus, verum ex natura ipsa adripuimus, hausimus, expressimus, ad quam non docti sed facti, non instituti sed imbuti sumus, ut, si vita nostra in aliquas insidias, si in vim et in tela aut latronum aut inimicorum incidisset, omnis honesta ratio esset expediendae salutis. Silent enim leges inter arma nec se exspectari iubent, cum ei, qui exspectare velit, ante iniusta poena luenda sit quam iusta repetenda.

Leges videmus saepe ferri multas.

Legum (...) omnes servi sumus, ut liberi esse possimus.

Mens et anima et sententia civitatis posita est in legibus.

Wie könnte es aber ungerecht sein, einen Wegelagerer und Räuber zu töten? (...) Dies, ihr Richter, ist also kein geschriebenes, sondern ein natürliches Gesetz, das wir nicht gelernt, gehört oder gelesen, sondern von der Natur selbst ergriffen, eingesogen und nachgeahmt haben; ein Gesetz, zu dem wir nicht erzogen, sondern geschaffen, in dem wir nicht unterwiesen, sondern von dem wir durchdrungen sind, so daß, wenn unser Leben in irgendeinen Hinterhalt, in die Waffengewalt von Räubern oder Feinden geraten ist, jeder Weg gerechtfertigt ist, uns zu retten. Es schweigen nämlich die Gesetze inmitten von Waffen, und sie befehlen nicht, auf sie zu warten. Denn wer auf sie warten wollte, müßte eher eine ungerechte Strafe erleiden, bevor eine gerechte verhängt würde. Mil. 10f.

Wir sehen, daß Gesetze oft in rauhen Mengen beantragt werden. Sest. 109

Wir alle (...) sind Sklaven der Gesetze, um frei sein zu können. Cluent. 146

Verstand, Geist und Denkweise eines Volkes spiegeln sich in seinen Gesetzen. Cluent. 146

Nam si esset ista cognitio iuris magna et difficilis, tamen utilitatis magnitudo deberet homines ad suscipiendum discendi laborem impellere.

Omni autem in re consensio omnium gentium lex naturae putanda est.

Optandumque, ut ii, qui praesunt rei publicae, legum similes sint, quae ad puniendum non iracundia, sed aequitate ducuntur.

Publicum: lex, senatus consultum, foedus; privatum: tabulae, pactum, conventum, stipulatio. Quae autem scripta non sunt, ea aut consuetudine aut conventis hominum et quasi consensu obtinentur. Atque etiam hoc in primis, ut nostros mores legesque tueamur, quodam modo naturali iure praescriptum est.

Quis ignorat maximam illecebram esse peccandi impunitatis spem?

Denn auch wenn das Studium des Rechts anspruchsvoll und schwierig wäre, müßte trotzdem die Größe seines Nutzens die Menschen dazu bringen, die Mühe dieses Studiums auf sich zu nehmen. de or. I 185

Bei jeder Sache aber muß die Übereinstimmung aller Völker als Naturgesetz angesehen werden. Tusc. I 30

Und es ist wünschenswert, daß die im Staat führenden Leute den Gesetzen ähnlich sind, die sich beim Strafen nicht von Zorn, sondern vom Gedanken der Rechtsgleichheit lenken lassen. off. I 89

Zum öffentlichen Recht gehören Gesetz, Senatsbeschluß und Bündnisvertrag, zum privaten Urkunden, Privatvertrag, Übereinkunft und mündliche Vereinbarung. Was aber nicht schriftlich fixiert ist, das hat Gültigkeit entweder aufgrund des Gewohnheitsrechts oder aufgrund der Übereinkunft von Menschen und sozusagen allgemeiner Zustimmung. Und insonderheit ist auch dies von einer Art natürlichem Recht vorgeschrieben: daß wir unsere Sitten und Gesetze schützen.
part. 130

Wer weiß nicht, daß die größte Verlockung für ein Vergehen die Hoffnung auf Straflosigkeit ist? Mil. 43

Si per vim tulisti, tamenne lex est aut quicquam iure gestum videri potest, quod per vim gestum esse constet?

Sit ergo in iure civili finis hic: legitimae atque usitatae in rebus causisque civium aequabilitatis conservatio.

Vetant leges sacratae, vetant XII tabulae leges privatis hominibus inrogari. Id est enim privilegium. Nemo umquam tulit. Nihil est crudelius, nihil perniciosius, nihil, quod minus haec civitas ferre possit.

Wenn man ein Gesetz mit Gewalt eingebracht hat, ist es dann gleichwohl ein Gesetz? Oder kann etwas rechtlich einwandfrei geschehen sein, was bekanntermaßen mit Hilfe von Gewalt geschehen ist? dom. 54

Entscheidendes Ziel sei also beim bürgerlichen Recht: Das zu bewahren, was hinsichtlich der Interessen und Angelegenheiten der Bürger nach Gesetz und Herkommen recht und billig ist. de or. I 188

Sakrales Recht verbietet es, das Zwölf-Tafel-Gesetz verbietet es, Gesetze gegen jemanden persönlich zu beantragen. Das versteht man nämlich unter einem ›Privileg‹ (Ausnahmegesetz). Niemand hat je eines beantragt. Es gibt nichts Grausameres, nichts Verderblicheres, nichts, das dieser Staat weniger ertragen könnte.

dom. 43

Bonos civis primum natura efficit, adiuvat deinde fortuna. Omnibus enim bonis expedit salvam esse rem publicam. Sed in iis, qui fortunati sunt, magis id apparet.

Carum esse civem, bene de re publica mereri, laudari, coli, diligi gloriosum est; metui vero et in odio esse invidiosum, detestabile, inbecillum, caducum.

Cum in omnibus rebus, tum in re publica permagni momenti est ratio atque inclinatio temporum.

Ea denique videtur condicio impendere legum, iudiciorum, temporum, ut optime actum cum eo videatur esse, qui quam levissima poena ab hac re publica discesserit.

Est autem gloria laus recte factorum magnorumque in rem publicam meritorum, quae cum optimi cuiusque, tum etiam multitudinis testimonio comprobatur.

Bürger und Staat

Gute Bürger bringt zunächst einmal die Natur hervor; manchmal hilft das Glück auch nach. Denn für alle guten Staatsbürger ist es nützlich, wenn der Staat in Ordnung ist. Bei denen allerdings, die begütert sind, zeigt sich das noch mehr. Phil. XIII 16

Ein beliebter Mitbürger zu sein, sich um den Staat verdient zu machen, Lob, Verehrung und Liebe zu erwerben ist ruhmvoll; dagegen gefürchtet und gehaßt zu werden erregt Unwillen und Abscheu, macht schwach und führt zum Fall. Phil. I 33

Wie in allen anderen Dingen, so sind besonders im öffentlichen Leben der Zeitgeist und seine Veränderung von sehr großer Bedeutung. Verr. II 5, 177

Überhaupt scheint eine Situation der Gesetze, Gerichte und politischen Verhältnisse zu drohen, daß es um denjenigen am besten bestellt ist, der sich unter möglichst leichter Strafe von diesem Staat trennt. fam. V 19, 1

Ruhm aber ist die Anerkennung für rechte Taten und große Verdienste um den Staat, die durch das Zeugnis der Besten, erst recht aber durch das der großen Masse bestätigt wird. Phil. I 29

Est enim gloria solida quaedam res et expressa, non adumbrata; ea est consentiens laus bonorum, incorrupta vox bene iudicantium de excellenti virtute, ea virtuti resonat tamquam imago.

Etenim, iudices, eius modi res publica debet esse, et erit veritate iudiciorum constituta, ut inimicus neque deesse nocenti possit neque obesse innocenti.

Hoc enim spectant leges, hoc volunt incolumem esse civium coniunctionem; quam qui dirimunt, eos morte, exsilio, vinclis, damno coercent.

Hoc (dico) esse denique proprium liberae civitatis, ut nihil de capite civis aut de bonis sine iudicio senatus aut populi aut eorum, qui de quaque re constituti iudices sint, detrahi possit.

In corpore si quid eius modi est, quod reliquo corpori noceat, id uri secarique patimur, ut membrum aliquod

Ruhm ist nämlich eine gewissermaßen feste und klar umrissene Sache, keine undeutliche wie ein Schatten; er ist die übereinstimmende Anerkennung der Tüchtigen, die unverdorbene Stimme derer, die über hervorragende Leistungen richtig zu urteilen verstehen. Er reflektiert die Leistung wie ein Echo. Tusc. III 4, 3

Denn ein Gemeinwesen muß, ihr Richter, so sein – und es wird so sein, wenn die Unparteilichkeit der Gerichte garantiert ist –, daß ein Feind dem Schuldigen nicht fehlt und dem Unschuldigen nicht schaden kann.

Verr. II 3, 162

Darauf zielen die Gesetze ja ab, das streben sie an: daß die solidarische Verbundenheit unter den Bürgern unangetastet bleibt. Wer diese zerreißt, den weisen sie durch Todesstrafe, Verbannung, Gefängnis oder Geldstrafe in seine Schranken. off. III 23

Dies (behaupte ich) ist schließlich das Kennzeichen eines freien Staates, daß kein Bürger ohne Urteilsspruch des Senats, des Volkes oder derer, die jeweils als Richter eingesetzt sind, an Leib und Leben oder hinsichtlich seines Eigentums geschädigt werden darf.

dom. 33

Wenn in unserem Körper etwas ist, das dem gesamten übrigen Körper schadet, dann lassen wir das ausbren-

potius quam totum corpus intereat. Sic in rei publicae corpore, ut totum salvum sit, quicquid est pestiferum, amputetur. Dura vox; multo illa durior: ›Salvi sint improbi, scelerati, impii; deleantur innocentes, honesti, boni, tota res publica!‹

Irasci quidem vos mihi ... pro re publica dicenti non oportebit.

Nam qui ea, quae numquam cara ac iucunda duxit, animo aequo rei publicae causa deserit, nullam benivolentiam insignem in rem publicam declarat; qui autem ea relinquit rei publicae causa, a quibus cum summo dolore divellitur, ei cara patria est, cuius salutem caritati anteponit suorum.

Nam qui iniuste impetum in quempiam facit aut ira aut aliqua perturbatione incitatus, is quasi manus afferre videtur socio; qui autem non defendit nec obsistit, si potest, iniuriae, tam est in vitio, quam si parentes aut amicos aut patriam deserat.

nen oder herausschneiden, damit lieber irgendein einzelnes Glied zugrunde geht als der gesamte Körper. So muß auch beim Staatskörper das amputiert werden, was ihm Schaden bringt, damit das Staatsganze gesund bleibt. Ein hartes Wort! Noch härter aber ist dieses: ›Den Schuften, Verbrechern und Verrätern soll es gut ergehen! Zugrunde gehen sollen die Unschuldigen, die Ehrbaren und Guten – und mit ihnen der gesamte Staat!‹ Phil. VIII 15

Ihr werdet mir freilich nicht zürnen dürfen (...): Ich vertrete ja die Interessen des Staates! Phil. I 27

Denn wer Dinge, die ihm niemals lieb und angenehm waren, mit Gelassenheit um des Staates willen aufgibt, zeigt damit kein besonderes Wohlwollen gegenüber dem Staat; wer aber um des Staates willen etwas aufgibt, von dem er sich nur unter größtem Schmerz trennt, dem ist das Vaterland teuer, dessen Wohlergehen er über die Liebe zu seinen eigenen Angehörigen stellt. dom. 98

Denn wer ungerecht aus Zorn oder aus irgendeiner Erregung heraus einen Angriff auf jemanden unternimmt, der scheint seine Hand gewissermaßen gegen seinen Nächsten zu erheben; wer den Angegriffenen aber nicht verteidigt und gegen das Unrecht Widerstand leistet, wenn er dazu in der Lage ist, der steht in der gleichen

Neque enim, Quirites, illud vobis iucundum aut populare debet videri: largitio aliqua promulgata, quae verbis ostentari potest, re vera fieri nisi exhausto aerario nullo pacto potest; neque vero illa popularia sunt existimanda: iudiciorum perturbationes, rerum iudicatarum informationes, restitutio damnatorum, qui civitatum adflictarum perditis iam rebus extremi exitiorum solent esse exitus.

Nihil est enim illi principi deo, qui omnem mundum regit, quod quidem in terris fiat, acceptius, quam concilia coetusque hominum iure sociati, quae civitates appellantur.

Non igitur erat illa tum civitas, cum leges in ea nihil valebant, cum iudicia iacebant, cum mos patrius occiderat, cum ferro pulsis magistratibus senatus nomen in re publica non erat.

Schuld, als wenn er seine Eltern, seine Freunde oder sein Vaterland im Stich ließe. off. I 23

Denn das darf euch, Römer, nicht als wünschenswert und volksfreundlich erscheinen: irgendeine in Aussicht gestellte Spende, mit der man sich zwar rhetorisch brüsten kann, die sich aber in Wirklichkeit nur unter Erschöpfung der Staatskasse verwirklichen läßt. Und auch das darf man nicht für volksfreundliche Maßnahmen halten: die Zerstörung der Rechtspflege, die Nichtvollstreckung gefällter Urteile und die Begnadigung von Verurteilten. All das sind gewöhnlich, wenn Staaten ohnehin schon zerrüttet sind und alles verloren ist, die endgültigen Schlußpunkte katastrophaler Entwicklungen. leg. agr. II 10

Nichts ist nämlich jenem höchsten Gott, der die ganze Welt lenkt, von allem irdischen Geschehen angenehmer als Versammlungen und Vereinigungen von Menschen, die sich auf der Grundlage des Rechts vollziehen: Sie nennt man Staaten. rep. VI 13

Das war damals kein Staat mehr, als die Gesetze in ihm keine Macht hatten, als die Gerichte darniederlagen, als die überlieferte Werteordnung untergegangen war, als die Beamten gewaltsam vertrieben waren und dem Senat im Staat keinerlei Achtung gezollt wurde.

parad. 28

Nulla in iudiciis severitas, nulla religio, nulla denique iam existimantur esse iudicia.

Nulla salus rei publicae maior est quam eos, qui alterum accusant, non minus de laude, de honore, de fama sua quam illos, qui accusantur, de capite ac fortunis suis pertimescere.

Ergo arbores seret diligens agricola, quarum aspiciet bacam ipse numquam; vir magnus leges, instituta, rem publicam non seret?

Quem enim cursum industria mea tenere potuisset sine forensibus causis, sine legibus, sine iudiciis? Quae esse non possunt civili pace sublata.

Quid est aliud iudicio ac legibus ac maiestate vestra abuti ad quaestum atque ad libidinem nisi hoc modo accusare atque id obicere, quod planum facere non modo non possis, verum ne coneris quidem?

–

Man hat den Eindruck, es gebe keine Strenge mehr in den Gerichten, keine Gewissenhaftigkeit mehr, ja als existierten gar keine Gerichte mehr. Verr. I 43

Es gibt nichts Heilsameres für den Staat, als wenn diejenigen, die einen anderen anklagen, nicht weniger um ihren Ruhm, ihre Ehre und ihren guten Ruf fürchten als die Angeklagten um ihr Leben und ihr Vermögen. div. in Caec. 71

Ein gewissenhafter Bauer wird also Bäume pflanzen, deren Früchte er selbst niemals sehen wird. Wird ein bedeutender Mann nicht ebenso Gesetze, Einrichtungen und Staatsverfassungen säen? Tusc. I 31

Denn welchen Weg hätte mein Fleiß nehmen können ohne Prozesse, ohne Gesetze, ohne Gerichtshöfe? Das alles kann es nicht geben, wenn der innere Friede gestört ist. Phil. VIII 11

Was liegt anderes vor, als das Gericht, die Gesetze und eure Würde zu Erwerbszwecken willkürlich zu mißbrauchen, wenn man die Anklage nur so führt und nur das vorwirft, was man nicht nur nicht plausibel machen kann, sondern nicht einmal plausibel zu machen versucht? S. Rosc. 54

Quin etiam mihi quidem laudabiliora videntur omnia, quae sine venditatione et sine populo teste fiunt, non quo fugiendus sit (omnia einm bene facta in luce se conlocari volunt), sed tamen nullum theatrum virtuti conscientia maius est.

Quod volent denique homines, existiment. Nemini ego possum esse bene merenti de re publica non amicus.

Rei publicae salus deerit, si improborum exemplis improbi iudicio ac periculo liberabuntur.

Sed nos in vita non quae cuique peccato poena sit, sed quantum cuique liceat, spectare debemus: quidquid non oportet, scelus esse, quidquid non licet, nefas putare debemus.

Si enim pecunias aequari non placet, si ingenia omnium paria esse non possunt, iura certe paria debent esse eorum inter se, qui sunt cives in eadem re publica.

Mir jedenfalls erscheint das lobenswerter, was ohne Zurschaustellung und ohne daß man das Volk als Zeugen dabei hat, geschieht – nicht als ob man das fliehen müßte (denn alle guten Taten wollen sich ins Licht gestellt sehen), aber dennoch gibt es keine größere Bühne für Tüchtigkeit und Leistung als das eigene Bewußtsein. Tusc. II 64

Sollen die Menschen schließlich denken, was sie wollen – ich jedenfalls kann niemandem, der sich um den Staat verdient macht, feindlich gesinnt sein. prov. 24

Es wird unserem Staat an Gesundheit fehlen, wenn Schufte durch die Beispiele von Schuften von einem Prozeß und einer Verurteilung verschont bleiben.
Verr. II 3, 207

Wir müssen aber im Leben nicht darauf achten, welche Strafe auf einer jeden Verfehlung steht, sondern wieviel jedem erlaubt ist. Wir müssen das für ein Vergehen halten, was sich nicht gehört, und das für ein Unrecht, was nicht erlaubt ist. parad. 25

Wenn man sich einig ist, daß das Geld nicht gleichmäßig verteilt wird, wenn die Begabungen aller nicht gleich sein können, dann müssen aber wenigstens die Rechte all derer untereinander gleich sein, die als Bürger in demselben Staat leben. rep. I 49

Si, ternos denarios qui coegit, erit absolutus, quaternos, quinos, denos denique aut vicenos coget alius. Quae erit reprehensio? In quo primum iniuriae gradu resistere incipiet severitas iudicis?

Tum igitur maiores nostri populares non fuerunt, qui de civitate et libertate ea iura sanxerunt, quae nec vis temporum nec potentia magistratuum nec rerum iudicatarum auctoritas nec denique universi populi Romani potestas, quae ceteris in rebus est maxima, labefactare possit.

Vincula vero, et ea sempiterna, certe ad singularem poenam nefarii sceleris inventa sunt.

Wenn man den freispricht, der drei Denare erpreßt hat, wird ein anderer vier, fünf und am Ende zehn oder zwanzig Denare erpressen. Was wird man rügen? Bei welchem Grad des Unrechts wird die Strenge des Richters erstmals einzuschreiten beginnen? Verr. II 3, 220

Sind unsere Vorfahren also nicht volksfreundlich gewesen, die hinsichtlich des Bürgerrechts und der individuellen Freiheit Rechtsgrundsätze aufgestellt haben, die weder der Einfluß der Zeitläufte noch die Machtfülle der Beamten, nicht die Autorität von Gerichtsurteilen und noch nicht einmal die Macht des gesamten römischen Volkes, die in allen anderen Dingen unbegrenzt ist, ins Wanken bringen kann? dom. 80

Gefängnis aber, und zwar lebenslängliches, ist gewiß als einzigartige Strafe für ein besonders ruchloses Verbrechen erfunden worden. Cat. IV 7

Communia autem simplicium coniunctorumque haec sunt quinque quasi lumina: dilucidum, breve, probabile, inlustre, suave.

Dicendi enim virtus, nisi ei, qui dicet, ea, quae dicet, percepta sunt, exstare non potest. (...) Quid est enim tam furiosum quam verborum vel optimorum atque ornatissimorum sonitus inanis nulla subiecta sententia nec scientia?

Dicere enim bene nemo potest, nisi qui prudenter intellegit. Qua re qui eloquentiae verae dat operam, dat prudentiae.

Educenda deinde dictio est ex hac domestica exercitatione et umbratili medium in agmen, in pulverem, in clamorem, in castra atque in aciem forensem; subeundus visus hominum et periclitandae vires ingeni, et illa commentatio inclusa in veritatis lucem proferenda est.

Die Macht der Rhetorik

Einzelwörter aber und Wortfolgen haben folgende fünf Gütekriterien sozusagen als Glanzlichter gemeinsam: Klarheit, Kürze, Plausibilität, Anschaulichkeit und Eingängigkeit. part. 19

Es kann ja keine rhetorische Meisterschaft vorliegen, wenn der Redner das Thema seiner Rede nicht durchdrungen hat. (...) Denn was ist so unsinnig wie das hohle Geklingel selbst der großartigsten und anspruchsvollsten Wörter, wenn ihm kein Sinn oder Sachwissen zugrunde liegt? de or. I 48,51

Denn niemand kann gut reden, der nicht klug denken kann. Wer sich deshalb um wahre Beredsamkeit bemüht, bemüht sich auch um Einsicht. Brut. 23

Dann (nach dem Üben) muß man die Rede aus dieser häuslich-beschaulichen Übung mitten in den Kampf hinausführen, in den Staub, in das Geschrei, in das Lager und in die Schlacht des Forums; man muß sich den Blicken der Menschen stellen und seine Geisteskraft erproben und die im Verborgenen geleistete Vorarbeit ins Licht der Wahrheit hinausbringen. de or. I 157

Eloquentem neminem video factum esse victoria.

Et quoniam non ad veritatem solum, sed etiam ad opiniones eorum, qui audiunt, accomodanda est oratio, hoc primum intellegamus, hominum esse duo genera, alterum indoctum et agreste, quod anteferat semper utilitatem honestati, alterum humanum et politum, quod rebus omnibus dignitatem anteponit.

Fabula etiam nonnumquam, etsi sit incredibilis, tamen homines commovet.

Hoc vero sine ulla dubitatione confirmaverim, sive illa arte pariatur aliqua sive exercitatione quadam sive natura, rem unam esse omnium difficillumam.

Id enim ipsum est summi oratoris summum oratorem populo videri (...). Quod enim probat multitudo, hoc idem doctis probandum est.

Ich sehe nicht, daß irgend jemand durch einen militärischen Sieg zum guten Redner geworden wäre. Brut. 24

Und weil eine Rede nicht nur auf die Wahrheit, sondern auch auf die Ansichten der Zuhörer auszurichten ist, müssen wir uns zunächst darüber im klaren sein: Es gibt zwei Arten von Menschen; die eine ist ungebildet und plump; sie zieht den Nutzen stets dem Anstand vor. Die andere ist gebildet und kultiviert; sie stellt die Selbstachtung allen anderen Dingen voran. part. 90

Auch eine erfundene Geschichte, mag sie auch unglaubwürdig sein, beeindruckt die Menschen manchmal doch. part. 40

Dies aber möchte ich ohne jeden Zweifel festhalten: Mag man sie (die Beredsamkeit) durch irgendeine theoretische Unterweisung erwerben oder durch eine bestimmte Anwendungsroutine oder mag sie einem von der Natur in den Schoß gelegt werden – in jedem Fall ist sie eine der schwierigsten Sachen überhaupt. Brut. 25

Das ist ja gerade das Markenzeichen des größten Redners: Daß er auch in den Augen des Volkes der größte Redner ist (...). Denn was die Menge gutheißt, das muß auch die Billigung der Experten finden.

Brut. 186.188

Magna est enim admiratio copiose sapienterque dicentis, quem qui audiunt intellegere etiam et sapere plus quam ceteros arbitrantur.

Nam quibus locis in ambiguo defendimus eam significationem, quae nos adiuvat, iisdem in contrariis legibus nostra lex defendenda est. Deinde est efficiendum, ut alterius scripti sententiam, alterius verba defendamus.

Nam si vitiosum est dicere ornate, pellatur omnino e civitate eloquentia; sin ea non modo ornat, penes quos est, sed etiam universam rem publicam, cur aut discere turpe est, quod scire honestum est, aut, quod nosse pulcherrimum est, id non gloriosum est docere?

Neque vero mihi quicquam (...) praestabilius videtur, quam posse dicendo tenere hominum mentis, adlicere voluntates, impellere quo velit, unde autem velit deducere: haec una res in omni libero populo maximeque in pacatis tranquillisque civitatibus praecipue semper floruit semperque dominata est.

Groß ist ja die Bewunderung für einen wortgewaltigen und weisen Redner. Von ihm glauben seine Zuhörer, er habe mehr Einsicht und Verstand als alle anderen.

off. II 50

Denn mit den gleichen gedanklich-rhetorischen Kunstgriffen, mit denen wir bei einer Zweideutigkeit diejenige Bedeutung verteidigen, die uns hilft, müssen wir in dem ähnlichen Fall, daß zwei Gesetze einander widersprechen, »unser« Gesetz verteidigen. Ferner müssen wir bewirken, daß wir bei dem einen Gesetz den Sinn, bei dem anderen den Wortlaut verteidigen. part. 138

Denn wenn es falsch ist, kunstvoll zu reden, dann soll man die Rhetorik ganz aus dem Staat hinauswerfen; wenn sie aber nicht nur diejenigen ziert, die sie beherrschen, sondern den gesamten Staat, warum sollte es dann schimpflich sein, etwas zu erlernen, was zu wissen Ehre bringt? Oder warum sollte es unrühmlich sein, etwas zu lehren, was zu kennen wunderschön ist?

or. 142

Mir jedenfalls scheint es (...) nichts Großartigeres zu geben als die Fähigkeit, die Sinne der Menschen durch die Rede gebannt zu halten, ihre Neigung zu gewinnen, sie dorthin zu bringen, wo man sie haben will, und von dem abzubringen, von dem man sie weghaben will: Dies allein hat in jedem freien Volk und vor allem in

Nihil enim est aliud (. . .) pulchre et oratorie dicere, nisi optimis sententiis verbisque lectissimis dicere; et nec sententia ulla est, quae fructum oratori ferat, nisi apte exposita atque absolute, nec verborum lumen apparet nisi diligenter collocatorum.

Nihil est enim aliud eloquentia nisi copiose loquens sapientia; quae ex eodem hausta genere, quo illa, quae in disputando, est uberior atque latior et ad motus animorum vulgique sensus accomodatior.

Omnis vis ratioque dicendi in eorum, qui audiunt, mentibus aut sedandis aut excitandis expromenda est.

Oratorem vero irasci minime decet, simulare non dedecet.

friedlichen, ruhigen Bürgerschaften stets ganz besonders in Blüte gestanden und stets die größte Bedeutung gehabt. de or. I 30

Schön und rhetorisch kunstvoll zu sprechen heißt ja nichts anderes (...), als die besten Gedanken mit ausgesuchtesten Worten zu formulieren. Es gibt keinen für den Redner nützlichen Gedanken, der nicht in sprachlich passender und vollendeter Form ausgedrückt würde, und von den Worten geht kein Glanz aus, wenn sie nicht sorgfältig geordnet sind. or. 227

Nichts anderes ist die Beredsamkeit nämlich als mit gedankenreicher Wortfülle sprechende Weisheit. Sie ist aus derselben Quelle geschöpft wie jene, die man bei der Erörterung des Für und Wider braucht, aber sie ist ergiebiger, reichhaltiger und besser an die Seelenregungen und die Empfindungen der großen Masse angepaßt. part. 79

Alle Kraft und Wirkung des Redners muß sich darin erweisen, daß man die Zuhörer entweder beschwichtigt oder erregt. de or. I 17

Der Redner darf auf keinen Fall wirklich zornig sein, den Zornigen zu spielen ist dagegen nicht unziemlich. Tusc. IV 15

Qui locus est talis, ut plus habeat adiumenti quam incommodi, hunc iudico esse dicendum; ubi plus mali quam boni reperio, id totum abiudico atque eicio.

Perficiendum est, si quid agere aut proficere vis, ut homines te non solum audiant, verum etiam libenter studioseque audiant.

Quid enim est minus non dico oratoris, sed hominis, quam id obicere adversario, quod ille si verbo negarit, longius progredi non possit, qui obiecerit?

Sed nihil est tam incredibile, quod non dicendo fiat probabile, nihil tam horridum, tam incultum, quod non splendescat oratione et tamquam excolatur.

Semper oratorum eloquentiae moderatrix fuit auditorum prudentia. Omnes enim, qui probari volunt, voluntatem eorum, qui audiunt, intuentur ad eamque et ad eorum arbitrium et nutum totos se fingunt et accommodant.

Si quis universam et propriam oratoris vim definire complectique vult, is orator erit mea sententia hoc tam

Liegt ein Gesichtspunkt vor, der mehr Nutzen als Schaden bringt, dann halte ich es für richtig, ihn vorzutragen; stoße ich aber auf mehr Schaden als Nutzen, dann verbanne ich diesen Gesichtspunkt gänzlich und werfe ihn aus meiner Argumentation. de or. II 102

Wenn du etwas bewegen und erreichen willst, mußt du dafür sorgen, daß die Leute dir nicht nur zuhören, sondern auch gern und interessiert zuhören. div. in Caec. I 39

Was paßt nämlich weniger zu einem Redner, ja überhaupt zu einem Menschen, als einem Gegner einen Vorwurf zu machen, den er nicht weiter verfolgen kann, wenn der andere ihn einfach leugnet? Phil. II 9

Aber nichts ist so unglaublich, daß es nicht durch Rhetorik annehmbar zu machen wäre, nichts so häßlich und so unkultiviert, daß es nicht durch die Redekunst Glanz erhielte und gleichsam geadelt würde. parad. 3

Kontrollinstanz für die Rhetorik von Rednern ist stets der Verstand ihrer Zuhörer gewesen. Denn alle, die Beifall erringen wollen, schauen auf die Einstellung der Zuhörer und passen sich ganz und gar deren Urteil und Zustimmung an. or. 24

Wenn man die grundsätzliche und eigentliche Fähigkeit des Redners zusammenfassend definieren will, so ist

gravi dignus nomine, qui, quaecumque res inciderit, quae sit dictione explicanda, prudenter et composite et ornate et memoriter dicet cum quadam actionis etiam dignitate.

Stilus optimus et praestantissimus dicendi effector ac magister; neque iniuria. (...) Qui a scribendi consuetudine ad dicendum venit, hanc adfert facultatem, ut, etiam subito si dicat, tamen illa, quae dicantur, similia scriptorum esse videantur.

Ut enim hominis decus ingenium, sic ingeni ipsius lumen est eloquentia.

Ut enim in vita, sic in oratione nihil est difficilius quam quid deceat videre.

Vocis mutationes totidem sunt quot animorum, qui maxime voce commoventur.

Volo enim prius habeat orator rem, de qua dicat, dignam auribus eruditis, quam cogitet, quibus verbis quidque dicat aut quo modo.

nur derjenige Redner meines Erachtens einer so bedeutsamen Bezeichnung würdig, der über jedes Thema, das es rhetorisch zu entfalten gilt, sachkundig, wohlgeordnet, kunstvoll, auswendig und auch mit einer bestimmten Würde des Vortrags sprechen kann. de or. I 64

Der Griffel ist der beste und vorzüglichste Schöpfer und Lehrmeister der Rede, und das mit Recht. (...) Wer von der Übung im Schreiben zum Reden kommt, bringt folgende Fähigkeit mit: Auch wenn er aus dem Stegreif spricht, klingt, was er sagt, trotzdem ähnlich wie eine schriftlich fixierte Rede. de or. I 150.152

Denn wie der Geist die Zierde des Menschen ist, so ist die Redekunst das Glanzlicht eben des Geistes. Brut. 59

In der Rede ist es ja wie im Leben: Nichts ist schwieriger zu erkennen, als was sich ziemt. or. 70

Es gibt so viele Stimmlagen, wie es Stimmungen gibt. Sie werden von der Stimme (des Redners) ganz besonders erzeugt. or. 55

Nach meiner Auffassung sollte der Redner einen Gegenstand zum Reden haben, der der Ohren eines kultivierten Auditoriums würdig ist, bevor er darüber nachdenkt, mit welchen Worten oder auf welche Weise er über einen Gegenstand sprechen will. or. 119

Volo hoc oratori contingat, ut, cum auditum sit eum esse dicturum, locus in subselliis occupetur, compleatur tribunal, gratiosi scribae sint in dando et cedendo loco, corona multiplex, iudex erectus; cum surgat is, qui dicturus sit, significetur a corona silentium, deinde crebrae assensiones, multae admirationes; risus, cum velit, cum velit, fletus.

Das wünsche ich dem Redner, daß ihm das glückt: Sobald sich herumgesprochen hat, daß er sprechen werde, sollen die Plätze auf den Gerichtsbänken rasch eingenommen werden, der Gerichtssaal soll sich füllen, die Schreiber sollen sich gefällig erweisen, Plätze zuzuweisen und abzutreten, der Kreis der Zuhörer sei bunt gemischt und zahlreich, der Richter gespannt. Wenn er sich dann erhebt, um zu reden, sollen die Zuhörer einander bedeuten, ruhig zu sein; im Verlauf seiner Rede soll er viele Bekundungen der Zustimmung, viele Signale der Bewunderung erhalten; Lachen erregen, wenn er es will, und wenn er es will, auch Weinen. Brut. 290

Aegroto, dum anima est, spes est.

Amicus magis necessarius quam ignis et aqua.

Animus hominis dives, non arca appellari solet; quamvis illa sit plena, dum te inanem videbo, divitem non putabo.

Avaritiam si tollere vultis, mater eius est tollenda: luxuries.

Breve enim tempus aetatis satis longum est ad bene honesteque vivendum.

Brevis a natura nobis vita data est; at memoria bene redditae vitae sempiterna.

Cedant arma togae!

Allgemeine Lebensweisheiten und Sentenzen

Der Kranke hat Hoffnung, solange er atmet.

Att. IX 10, 3

Ein Freund ist notwendiger als Feuer und Wasser.

Lael. 22

Den Geist eines Menschen pflegt man als reich zu bezeichnen, nicht seine Geldtruhe. Die mag so voll sein, wie sie will – solange ich dich leer sehe, werde ich dich nicht für reich halten. parad. 44

Wenn ihr die Habgier aus der Welt schaffen wollt, müßt ihr ihren Grundstoff aus der Welt schaffen: den Luxus. de or. II 171

Eine kurze Lebenszeit ist ja für ein sittlich gutes Leben lang genug. Cato 70

Die Natur hat uns ein nur kurzes Leben geschenkt, jedoch die ewige Erinnerung an ein gut geführtes Leben. Phil. XIV 32

Die Waffen sollen dem Friedensgewand weichen!

Phil. II 20

Certe ignoratio futurorum malorum utilior est quam scientia.

Cito enim arescit lacrima, praesertim in alienis malis.

Consuetudinis vis magna est.

Cui autem quaesito opus sit, quis umquam hunc vere dixerit divitem?

Cuiusvis hominis est errare, nullius nisi insipientis in errore perseverare.

Cum tacent, clamant.

Dixi.

Doloris medicinam a philosophia peto.

Dulce enim etiam nomen est pacis, res vero ipsa cum iucunda, tum salutaris.

Ea est enim profecto iucunda laus, quae ab iis proficiscitur, qui ipsi in laude vixerunt.

Bestimmt ist die Unkenntnis künftiger Übel nützlicher als ihre Kenntnis. div. II 23

Schnell trocknet ja die Träne, besonders bei fremdem Unglück. part. 57

Groß ist die Macht der Gewohnheit. Tusc. II 40

Wer könnte behaupten, daß der wirklich reich ist, der noch Gewinn machen muß? parad. 46

Jeder Mensch kann sich irren, nur ein Dummkopf aber verharrt bei seinem Irrtum. Phil. XII 5

Indem sie schweigen, schreien sie. Cat. I 21

Ich habe gesprochen. Verr. I 56

Arznei gegen den Schmerz suche ich bei der Philosophie. Acad. I 11

Süß ist ja schon das Wort »Frieden«, der Zustand an sich ist erst recht angenehm und verspricht Wohlstand und Glück. Phil. II 1

Das ist ja ein wirklich angenehmes Lob, das von Menschen ausgeht, die selbst im Ruhm gelebt haben.
fam. XV 6, 1

Est enim proprium stultitiae aliorum vitia cernere, oblivisci suorum.

Est igitur homini cum deo similitudo.

Etenim ulciscendae iniuriae facilior ratio est quam beneficii remunerandi, propterea, quod superiorem esse contra improbos minus est negotii quam bonis exaequari.

Etsi enim nihil habet in se gloria, cur expetatur, tamen virtutem tamquam umbra sequitur.

Facile est accusare luxuriem. Dies iam me deficiat, si, quae dici in eam sententiam possunt, coner expromere.

In plerisque rebus mediocritas optima est.

L. Cassius ille, quem populus Romanus verissimum et sapientissimum iudicem putabat, identidem in causis quaerere solebat, ›cui bono‹ fuisset.

Es ist das Kennzeichen der Dummheit, die Fehler der anderen zu erkennen, die eigenen aber zu vergessen.
Tusc. III 73

Es besteht also eine Ähnlichkeit des Menschen mit Gott. leg. I 25

Es ist ja leichter, ein Unrecht zu rächen, als eine Wohltat zu vergelten, weil es geringeren Aufwand bedeutet, Schuften überlegen zu sein, als es guten Menschen gleichzutun. p. red. ad Quir. 22

Denn wenn auch der Ruhm an sich nichts Erstrebenswertes hat, so folgt er doch der Tugend wie ein Schatten. Tusc. I 109

Es ist leicht, die Genußsucht der Gesellschaft anzuklagen. Ein ganzer Tag würde mir wohl kaum reichen, wollte ich versuchen, das alles auszusprechen, was sich über dieses Thema sagen läßt. Cael. 29

Bei den meisten Sachen ist die goldene Mitte das Beste. off. I 130

Der berühmte Lucius Cassius, den das römische Volk für den aufrichtigsten und weisesten Richter hielt, pflegte in Strafverfahren immer wieder zu fragen, ›zu wessen Nutzen‹ die Tat geschehen sei. S. Rosc. 84

Liberae sunt enim nostrae cogitationes.

Magna di curant, parva neglegunt.

Magni autem est ingenii sevocare mentem a sensibus et cogitationem ab consuetudine abducere.

Malim equidem indisertam prudentiam quam stultitiam loquacem.

Mea quidem conscientia pluris est quam omnium sermo.

Mendaci ne verum quidem dicenti creditur.

Minime sibi quisque notus est et difficillime de se quisque sentit.

Mors terribilis est eis, quorum cum vita omnia exstinguuntur, non eis, quorum laus emori non potest.

Ne utile quidem est scire, quid futurum sit.

Unsere Gedanken sind ja frei. Mil. 79

Um Großes kümmern sich die Götter, Kleines beachten sie nicht. nat. deor. II 167

Einen großen Geist kann man daran erkennen, daß er die Vernunft von den Sinnen unabhängig macht und sein Denken von der Gewohnheit befreit. Tusc. I 38

Ich für meinen Teil ziehe Klugheit ohne Redegabe geschwätziger Dummheit vor. de or. III 142

Mein Gewissen zählt bei mir mehr als das, was alle anderen sagen. Att. XII 28, 2

Einem Lügner glaubt man nicht, auch wenn er die Wahrheit sagt. div. II 146

Jeder kennt sich selbst am wenigsten und tut sich mit dem Urteil über sich selbst am schwersten. de or. III 33

Der Tod ist schrecklich für diejenigen, mit deren Lebensende alles ausgelöscht ist, nicht für die, deren Ruhm nicht sterben kann. parad. 18

Es ist auch nicht nützlich zu wissen, was sein wird. nat. deor. III 14

Necessitatis inventa antiquiora sunt quam voluptatis.

Neque enim umquam expletur nec satiatur cupiditatis sitis, neque solum ea qui habent libidine augendi cruciantur, sed etiam amittendi metu.

Nemo doctus umquam (...) mutationem consilii inconstantiam dixit esse.

Nihil est autem, quod tam deceat quam in omni re gerenda consilioque capiendo servare constantiam.

Nihil est homini magis optandum quam prospera, aequabilis perpetuaque fortuna secundo vitae sine ulla offensione cursu.

Nihil est tam contrarium rationi et constantiae quam fortuna.

Nihil neque meum est neque cuiusquam, quod auferri, quod eripi, quod amitti potest.

Nihil tam absurde dici potest, quod non dicatur ab aliquo philosophorum.

Die Erfindungen, die sich auf Notwendiges beziehen, sind älter als die, die dem Vergnügen dienen. or. 185

Denn nie wird der Durst des Habenwollens jemals befriedigt und gelöscht; und diejenigen, die über solche Besitztümer verfügen, peinigt nicht nur die Sucht, sie zu vermehren, sondern auch die Furcht, sie zu verlieren. parad. 6

Kein kluger Mensch hat je behauptet, die Änderung eines Entschlusses bedeute Unstetigkeit. Att. XVI 7, 3

Nichts aber ist so schicklich, wie bei jeder Handlung und Planung Stetigkeit zu bewahren. off. I 125

Nichts wünscht sich der Mensch mehr als ein gleichmäßiges und dauerhaftes Glück in einem ohne jeden Ärger günstigen Verlauf seines Lebens. p. red. ad. Quir. 2

Nichts steht der Vernunft und der Standhaftigkeit so im Wege wie Glück und Zufall. div. II 18

Nichts gehört mir oder irgend jemandem wirklich, was weggenommen, was entrissen, was verloren werden kann. parad. 29

Nichts kann so absurd gesagt werden, daß es nicht von irgendeinem Philosophen gesagt würde. div. II 119

Nihil tam volucre quam maledictum, nihil facilius mittitur, nihil citius excipitur, latius dissipatur.

Non esse cupidum pecunia est, non esse emacem vectigal est, contentum vero suis rebus esse maximae sunt certissimaeque divitiae.

Non nobis solum nati sumus, ortusque nostri partem patria vindicat, partem amici.

Nonne satius est mutum esse, quam, quod nemo intellegat, dicere?

Nos beatam vitam non depulsione mali, sed adeptione boni iudicemus.

O di immortales! Non intellegunt homines, quam magnum vectigal sit parsimonia!

O tempora, o mores!

Nichts ist so rasch wie die Verleumdung, nichts wird leichter ausgeschickt, nichts schneller aufgenommen, nichts breitet sich weiter aus. Planc. 57

Nichts haben zu wollen bedeutet Geld, nicht kaufwütig zu sein bedeutet Einkommen, mit dem aber zufrieden zu sein, was man hat, bedeutet größten und verläßlichsten Reichtum. parad. 51

Wir sind nicht nur für uns geboren, sondern einen Teil unserer Existenz beansprucht das Vaterland, einen anderen Teil unsere Freunde. off. I 22

Wäre es nicht besser, stumm zu sein, als daherzureden, was kein Mensch versteht? Phil. III 9

Ein glückliches Leben wollen wir nicht daran messen, daß wir das Schlechte vertreiben, sondern das Gute erreichen. fin. II 41

Bei den unsterblichen Göttern! Die Menschen sehen nicht, welch große Einkommensquelle die Sparsamkeit ist! parad. 49

Was für Zeiten, was für Sitten! Verr. II 4, 56

Omne malum nascens facile opprimitur, inveteratum fit plerumque robustius.

Omnis animi debilitati et humilis et fracti timiditas servitus est.

Optimus est portus paenitenti mutatio consilii.

Patria est, ubicumque bene est.

Pax est tranquilla libertas.

Posteriores cogitationes, ut aiunt, sapientiores solent esse.

Praeterita mutare non possumus.

Quam ob rem fac animo magno fortique sis et, si turbidissima sapienter ferebas, tranquilliora laete feras.

Quam quisque norit artem, in hac se exerceat!

Qui enim vitiis modum apponit, is partem suscipit vitiorum.

Jedes Übel läßt sich im Entstehen leicht unterdrücken, hat es sich einmal eingenistet, wird es meistens kräftiger. Phil. V 30

Alle Ängstlichkeit eines geschwächten, gedemütigten und gebrochenen Geistes ist Sklaverei. parad. 41

Der beste Hafen für die Reue ist ein neuer Entschluß. Phil. XII 7

Heimat ist überall dort, wo es einem gut ergeht. Tusc. V 108

Frieden heißt ungestörte Freiheit. Phil. II 113

Der zweite Gedanke, wie man so sagt, ist gewöhnlich der klügere. Phil. XII 15

Was vergangen ist, können wir nicht ändern. Pis. 59

Deswegen sei stark und tapfer und ertrage, wenn du stürmischste Zeiten weise ertragen hast, ruhigere mit heiterem Sinn! fam. VI 14, 3

Jeder soll die Kunst ausüben, in der er sich auskennt. Tusc. I 41

Wer nämlich Fehlern ein Maß zugesteht, der nimmt einen Teil von ihnen an. Tusc. IV 42

Quid enim est aetas hominis, nisi ea memoria rerum veterum cum superiorum aetate contexitur?

Quid est enim libertas? Potestas vivendi, ut velis. Quis igitur vivit, ut vult, nisi qui recta sequitur, qui gaudet officio, cui vivendi via considerata atque provisa est, qui ne legibus quidem propter metum paret, sed eas sequitur atque colit, quia id salutare maxime esse iudicat, qui nihil dicit, nihil facit, nihil cogitat denique nisi libenter ac libere, cuius omnia consilia resque omnes, quas gerit, ab ipso proficiscuntur eodemque referuntur, nec est ulla res, quae plus apud eum polleat quam ipsius voluntas atque iudicium?

Quid rectum sit, apparet, quid expediat, obscurum est.

Semper enim causae eventorum magis movent quam ipsa eventa.

Sicut equus ad cursum, bos ad arandum, canis ad indagandum, sic homo ad agendum et laborandum natus est.

Was bedeutet denn schon das Leben eines Menschen, wenn es nicht durch die Überlieferung der Vergangenheit mit dem Leben früherer Generationen verwoben wird? or. 120

Was ist denn Freiheit? Die Möglichkeit, so zu leben, wie man will. Wer lebt also so, wie er will, außer dem, der dem Richtigen folgt, der sich daran erfreut, seine Pflicht zu tun, der einen überlegten und vorausschauenden Lebensweg verfolgt, der nicht einmal den Gesetzen aus Furcht gehorcht, sondern sich von ihnen leiten läßt und sie achtet, weil er das für besonders zuträglich erachtet, der alles, was er sagt, was er tut und auch was er denkt, gern und freiwillig tut, dessen sämtliche Überlegungen und Handlungen von ihm selbst ausgehen und auf ihn selbst zurückverweisen, und für den nichts größere Bedeutung hat als sein eigener Wille und sein eigenes Urteil? parad. 34

Was das theoretisch Richtige ist, ist offenkundig, was das praktisch Nützliche, ist unklar. fam. V 21, 2

Stets bewegen uns ja die Ursachen der Ereignisse stärker als die Ereignisse selbst. Att. IX 5, 2

Wie das Pferd zum Laufen geboren ist, das Rind zum Pflügen und der Hund zum Jagen, so ist der Mensch zum Handeln und Arbeiten geboren. fin. II 40

Sint semper omnia homini humana meditata!

Suavis laborum est praeteritorum memoria.

Suum quisque noscat ingenium, acremque se et bonorum et vitiorum suorum iudicem praebeat.

Tantum exercitatio, meditatio, consuetudo valet.

Temeritas est videlicet florentis aetatis, prudentia senescentis.

Tempori cedere, id est necessitati parere, semper sapientis est habitum.

Ut sementem feceris, ita metes.

Utinam tam facile vera invenire possem quam falsa convincere!

Vacare culpa magnum est solacium.

Ein Mensch sollte stets alles Menschliche bedenken.

Tusc. III 30

Süß ist die Erinnerung an vergangene Mühen.

fin. II 105

Jeder erkenne also seine eigene Begabung, er erweise sich als scharfsinniger Richter über seine guten und schlechten Eigenschaften. off. I 114

Soviel vermag die Übung, die Vorbereitung, die Gewöhnung. Tusc. III 41

Unbesonnenheit ist offenbar das Merkmal der blühenden Jugend, Klugheit das des Alters. Cato 20

Sich in die Umstände zu schicken, d. h. der Notwendigkeit zu gehorchen, hat stets als Zeichen von Weisheit gegolten. fam. IV 9, 2

Wie du gesät hast, so wirst du ernten. de or. II 261

Könnte ich doch genauso leicht die Wahrheit finden wie Falsches nachweisen! nat. deor. I 91

Von Schuld frei zu sein ist ein großer Trost. fam. VII 3, 4

Aleatores ... adulteri ... impuri ... impudici

Amentissimus et profligatissimus hostis pudoris et pudicitiae

Archipirata cum grege praedonum impurissimo

Caenum, portentum, scelus

Carnifex civium

Cuius ex omni vita nihil est honestius, quam quod cum mima fecit divortium.

Duo haec capita sunt post homines natos taeterrima et spurcissima

Edormi crapulam, inquam, et exhala! An faces admovendae sunt, quae te excitent tantae causae indormientem? (...) Attende enim paulisper cogitationemque sobrii hominis punctum temporis suscipe!

Schmähungen (auch) vor Gericht – Die – nicht so hohe – Kunst der Verbalinjurie

Spieler, Ehebrecher, unsauberes, schamloses Pack
Cat. II 23

Ein Wahnsinniger, eine verkrachte Existenz, ein Feind von Anstand und Schamgefühl Sest. 73

Erzpirat mit dreckigster Räuberbande dom. 24

Dreckskerl, Ungeheuer, Verbrecher dom. 47

Henker der Bürger dom. 21

In seinem ganzen Leben gibt es nichts Ehrenwerteres, als daß er sich von einer Schauspielerin getrennt hat.
Phil. II 69

Die beiden widerwärtigsten, gemeinsten Subjekte, seit es Menschen gibt Phil. XI 1

Schlafe deinen Rausch aus, sage ich, und werde nüchtern! Oder müssen wir dir erst eine Fackel ans Gesicht halten, um dich aufzuwecken, weil du sonst eine Sache von dieser Tragweite verschläfst? (...) Paß doch ein

Ego istius pecudis ac putidae carnis consilio aut praesidio niti volebam, ab hoc eiecto cadavere quicquam mihi aut opis aut ornamenti expetebam.

Furcifer, latro et sacrilegus

Furiae ac faces, exitiosa prodigia

Gladiator sceleratissimus

Gurges atque helluo natus abdomini suo, non laudi et gloriae

Helluo spurcatissimus, praegustator libidinum tuarum, homo egentissimus et facinorosissimus

Homines stultissimi

Homo deterrimus et impudentissimus

kleines Weilchen auf und denke einen Augenblick wie ein nüchterner Mensch nach! Phil. II 30

Klar doch, ausgerechnet ich wollte mich auf den Rat und die Hilfe dieses Mistviehs und angefaulten Fleisches verlassen, von diesem weggeworfenen Kadaver versprach ich mir Hilfe oder Ansehen. Pis. 19

Galgenstrick, Räuber, Tempelschänder! Vat. 15

Ihr Furien und Brandfackeln, ihr Verderben bringende Ungeheuer! har. 4

Bandit und Schwerverbrecher Sest. 106

Säufer und Fresser, der nur für seine Wampe geboren ist, nicht für Anerkennung und Ruhm Pis. 41

Ein unflätiger Prasser, der Vorkoster deiner Begierden, ein Kerl, der nichts hat außer einem reichen Verbrecher-Vorleben dom. 25

Vollidioten Mil. 7

Ein ganz übler Kerl ohne jedes Schamgefühl Verr. II 2, 40

Homo emersus subito ex diuturnis tenebris lustrorum ac stuprorum, vino, ganeis, lenociniis adulterisque confectus

Homo nequissimus omnium, qui sunt, qui fuerunt, qui futuri sunt

Importunus atque impurus parricida

Iam invideo magistro tuo, qui te tanta mercede (...) nihil sapere doceat.

Immanis belua

Impurus atque impius hostis omnium religionum, qui contra fas et inter viros saepe mulier et inter mulieres vir fuisset.

Inertes ... stultissimi ... ebrii ... dormientes

Labes atque caenum

Latrones et sicarii

Ein Kerl, der ganz plötzlich aus seinem Dauerdunkel von Bordellen und fremden Betten aufgetaucht ist, der vom ständigen Saufen und Fressen, Huren und Fremdgehen total fertig ist Sest. 20

Größter Lump aller Zeiten – in Vergangenheit, Gegenwart und Zukunft fam. XI 21, 1

Rücksichtsloser, dreckiger Vatermörder Phil. XII 13

Ich beneide wirklich deinen Lehrer, der dir für ein so hohes Honorar (...) beibringt, keine Ahnung zu haben. Phil. II 8

Teuflisches Ungetüm Verr. II 5, 109

Unreiner, gewissenloser Feind all dessen, was Ehrfurcht gebietet, hatte er doch gegen göttliches Gebot häufig das Weib unter Männern und den Mann unter Weibern gespielt. dom. 139

Faulpelze, Dummköpfe, Säufer, Schlafmützen Cat. II 10

Schmutzfleck und Dreckstück Sest. 20

Räuber und Meuchelmörder Phil. V 18

Libidinosi, petulantes, impuri, impudici, aleatores, ebrii

Libidinosus, petulans, iracundus, contumeliosus, superbus, semper poscens, semper rapiens, semper ebrius

Lues impura

Magna et perniciosa sentina rei publicae

Meministine, caenum, cum ad te quinta fere hora cum C. Pisone venissem, nescio quo e gurgustio te prodire involuto capite soleatum et, cum isto ore foetido taeterrimam nobis popinam inhalasses, excusatione te uti valetudinis, quod diceres vinulentis te quibusdam medicaminibus solere curari? Quam nos causam cum accepissemus – quid enim facere poteramus? – paulisper stetimus in illo ganearum tuarum nidore atque fumo; unde tu nos cum improbissime respondendo, tum turpissime ructando eiecisti.

Lüstlinge, Glücksritter, Schmutzfinken, Schwule, Spieler, Säufer Phil. III 35

Maßloser, frecher, jähzorniger, schmähsüchtiger, hochmütiger, stets fordernder, stets räuberischer, stets betrunkener Mensch Phil. V 24

Schmutzige Seuche har. 24

Große, Verderben bringende Seuche des Staates
Cat. I 12

Weißt du noch, du Dreckstück, wie ich dich mit Caius Piso zusammen am späten Vormittag aufgesucht habe und du aus irgendeinem Kabuff auftauchtest, mit einem Wickel um den Kopf, in Pantoffeln, und wie du, als du uns aus deinem stinkenden Maul mit ekelhaftestem Kneipendunst anhauchtest, dich mit einem gesundheitlichen Problem entschuldigt hast, indem du erklärtest, du pflegtest dich mit weinhaltigen Medikamenten zu kurieren? Wir akzeptierten den Vorwand – was hätten wir denn anderes tun können? – und standen dann eine Zeitlang im Gestank und Dunst deiner Kneipe. Aus der hast du uns durch unverschämte Antworten vertrieben, mehr aber noch durch dein absolut widerliches Rülpsen. Pis. 13

Nam quod vobis iste tantum modo improbus, crudelis, olim furunculus, nunc vero etiam rapax, quod sordidus, quod contumax, quod superbus, quod fallax, quod perfidiosus, quod impudens, quod audax esse videatur, nihil scitote esse luxuriosius, nihil libidinosius, nihil posterius, nihil nequius.

Nefanda et perniciosa labes civitatis

Nequam et improbus

Nihil apud hunc lautum, nihil elegans, nihil exquisitum – laudabo inimicum –, ne magno opere quidem quicquam praeter libidines sumptuosum.

Non bipedum solum, sed etiam quadrupedum impurissimus

Non furem, sed ereptorem, non adulterum, sed expugnatorem pudicitiae, non sacrilegum, sed hostem sacrorum religionumque, non sicarium, sed crudelissimum carnificem civium sociorumque in vestrum iudicium adduximus.

Wenn euch dieser Kerl nur schlecht, grausam, einst ein kleiner Dieb, jetzt aber sogar ein Räuber, wenn er euch dreckig, wenn er verstockt, wenn er hochmütig, wenn er lügnerisch, wenn er falsch, wenn er schamlos, wenn er euch frech erscheint, so wisset: Es gibt nichts Verschwendungssüchtigeres, nichts Lasterhafteres, nichts Verworfeneres, nichts Nichtsnutzigeres.
Pis. 66

Ruchloses, verderbliches Unglück des Staates dom. 132

Nichtsnutz und Bösewicht Cael. 10

An ihm ist nichts Anständiges, nichts Feines, nichts Auserlesenes, ja – ich will meinen Gegner loben: – nicht einmal etwas besonders Verschwenderisches außer seinen Vergnügungssüchten. Pis. 67

Größtes Dreckstück nicht nur unter den Zweibeinern, sondern auch unter den Vierbeinern dom. 48

Keinen gewöhnlichen Dieb, sondern einen gewerbsmäßigen Ausplünderer, keinen gewöhnlichen Ehebrecher, sondern einen gewohnheitsmäßigen Schänder weiblicher Ehre, keinen gewöhnlichen Tempelschänder, sondern einen erklärten Feind aller heiligen Handlungen und religiösen Gefühle, keinen gewöhnlichen Mörder, sondern einen Ausbund an Grausamkeit, einen Henker

O tenebrae, o lutum, o sordes!

O scelus, o pestis, o labes!

Omnium scelerum flagitiorumque documentum

Perditissimi homines et amentissimi

Perniciosus civis, sceleratus, libidinosus, impius, audax, facinorosus

Portentum in ultimas terras exportandum

Quid enim illo inertius, quid sordidius, quid nequius, quid enervatius, quid stultius, quid abstrusius?

Quid, quod miser, cum loqui non posset, tacere non poterat?

Scurrarum locupletium scortum

von Bürgern und Verbündeten haben wir vor euer Gericht gebracht. Verr. II 1, 9

Du dunkle Figur, du Dreck, du Schmutz! Pis. 62

Verbrecher, Pestbeule, Dreckskerl! Pis. 56

Lebendes Beispiel für alle Schandtaten und Verbrechen dom. 126

Völlig verkommene, hirnverbrannte Leute Phil. XI 9

Verderben bringender, verbrecherischer, wollüstiger, frevelhafter, tollkühner, ruchloser Bürger Phil. VIII 16

Monster, das man an den Rand der Welt schaffen sollte Verr. II 1, 40

Was gibt es denn Fauleres, was Dreckigeres, was Nichtsnutzigeres, was Schlapperes, was Dümmeres, was Hinterhältigeres als diesen Kerl? Pis. frg. 7

Was soll man davon halten, daß dieser Unglücksrabe, obwohl er nicht reden kann, seinen Schnabel nicht halten konnte? Pis. frg. 3

Flittchen reicher Clowns Sest. 39

Simulata ista, ficta, fucata sunt omnia.

Tam autem eras excors, ut tota in oratione tua tecum ipse pugnares, non modo non cohaerentia inter se diceres, sed maxime disiuncta atque contraria, ut non tanta mecum quanta tibi tecum esse contentio.

Te tua illa nescio quibus a terris apportata mater pecudem ex alvo, non hominem effuderit.

Tibi nulla lex fuit, nulla religio, nullius existimationis pudor, nullus iudici metus? Nullius apud te gravis auctoritas, nullum exemplum, quod sequi velles?

Das ist alles erfunden, erlogen und verdreht. Pis. frg. 17

Du warst aber so einfältig, daß du in deiner gesamten Rede nur mit dir selbst gestritten hast, daß du nicht nur keinen zusammenhängenden Gedanken vorgetragen hast, sondern gänzlich unzusammenhängendes und widersprüchliches Zeug – daher der Eindruck, du hättest nicht so sehr mit mir gestritten wie mit dir selbst. Phil. II 8

Dich hat deine berüchtigte, aus irgendwelchen Ländern herangeschaffte Mutter als Viehstück aus ihrem Leib geworfen, nicht als Menschen. Pis. frg. 14

Für dich gab es kein Gesetz, kein Gewissen, keine Scham, was deinen Ruf angeht, keine Angst vor dem Gericht? Für dich gab es niemandes gewichtige Autorität, kein Vorbild, dem du folgen wolltest? Verr. II 2, 40

»Es hieß nicht zu Unrecht, er herrsche vor Gericht wie ein König...« Cicero, das Recht und die europäische Tradition

Schriftsteller und Politiker, Redner und Denker, Weltbürger des Geistes und römischer Patriot – das alles verbindet sich mit dem Namen Ciceros. Und ohne Zweifel auch seine geistesgeschichtliche Bedeutung als einer der großen Erzieher Europas, der griechische Philosophie wie kein anderer vor ihm in Rom heimisch gemacht und damit in die lateinisch geprägte abendländische Tradition eingespeist hat; nicht minder auch seine Stellung als Olympier der Rhetorik, als den er sich ohne falsche Bescheidenheit selbst empfunden hat. Als »Vater der Rede« rühmt ihn Plinius einige Jahrzehnte später und fügt hinzu, daß selbst Caesar seinem politischen Gegenspieler Cicero diesen Lorbeer neidlos zuerkannt habe, »der höher stehe als sämtlicher Triumphe Lorbeer, so wie es weitaus mehr bedeutet, die Grenzen des römischen Geistes erweitert zu haben als die des Reiches« (NH VII 117); Urteile, die sich zwei Jahrtausende lang im allgemeinen Bewußtsein nicht nur der Bildungseliten eingewurzelt haben und Cicero geradezu als Chiffre für niveauvolle Beredsamkeit erscheinen lassen (nicht zufällig nennen wir den ebenso kundigen wie redegewandten Fremdenführer einen Cicerone).

Mag man ihm auch als Politiker wenig Fortüne bescheinigen – es gibt in der Nachfolge Theodor Mommsens erheblich abschätzigere Urteile über Ciceros politische Leistung, die freilich durch die Forschung der letzten Jahrzehnte deutlich revidiert worden sind –, so ist doch die Tatsache, *daß* Cicero auch im politischen Raum gewirkt hat, allgemein bekannt; am besten wohl immer noch im Zusammenhang mit der Catilinarischen Verschwörung, die er als Consul des Jahres 63 v. Chr. aufgedeckt und erfolgreich bekämpft hat.

Aber Cicero als Jurist? Das ist im traditionellen Cicero-Bild geradezu eine *terra incognita*: die Juristerei ist gewöhnlich kein Bereich, in dem man diesen klassischen Vertreter der »Geisteswissenschaften« ansiedelt. Das ist richtig und falsch zugleich. Richtig ist, daß Cicero kein ausgebildeter Jurist war. Ihn als Rechtsgelehrten zu konsultieren wäre deshalb keinem Römer in den Sinn gekommen. Er selbst hätte das auch weit von sich gewiesen – was gerade angesichts seines keineswegs unterentwickelten Selbstwertgefühls besonders überzeugend wirkt.

Auf der anderen Seite agierte Cicero sehr wohl im juristischen Raum, und zwar sehr früh schon ebenso erfolgreich wie prominent. Mehr noch: Seine politische Karriere gründete auf die Tätigkeit als hervorragender Anwalt. Der scheinbare Widerspruch zu dem vorher Gesagten löst sich bei einem Blick auf das römische Prozeßwesen auf. Sachwalter, die einen Mandanten verteidigten, und Ankläger, die das Gericht von der Schuld eines Angeklagten überzeugen wollten, argumentierten in aller Regel nicht sachlich-juristisch, sondern setzten auf ihre rhetorischen Fähigkeiten: Ein schwungvolles Plädoyer, das nicht nur die Köpfe der Richter erreichte, sondern auch ihre Gefühle ansprach – *movere*, »bewegen«, »beeindrucken«, heißt das einschlägige Zauberwort –, war ungleich erfolgversprechender als eine trocken-nüchterne Darlegung juristischer Sachverhalte.

Das galt für Zivilprozesse ebenso wie für Strafsachen, in denen das römische Recht zu Ciceros Zeit keinen öffentlichen Ankläger kannte, sondern nur die Popularklage: Ein Privatmann, der Strafantrag stellte, verpflichtete sich damit, selbst als *accusator* zu fungieren. Ebensowenig wie Advokaten und Ankläger waren die Richter (oder »Geschworenen«, latein. *iudices*) ausgebildete Juristen. Die wurden allenfalls von den Parteien oder dem Gericht als Sachverständige zu juristischen Einzelheiten hinzugezogen. Inwieweit ihre Rechtsgutachten dann gewürdigt wurden, blieb dem Ermessen der Richter vorbehalten. Deren Qualifikation ergab sich weitgehend aus ihrer sozialen Stellung als Angehörige des Senatoren- und Ritterstandes. Je nach Schwere des verhandelten Vergehens wurde im Vorverfahren unter Leitung eines Praetors eine bestimmte Anzahl von Geschworenen aus der Richter-Liste ausgelost. Dabei hatten beide Parteien ein eingeschränktes Ablehnungsrecht, insofern sie einige der ausgelosten Richter für befangen erklären konnten. Der Praetor setzte den Prozeß gewissermaßen auf das Gleis. Er formulierte den Streitpunkt und wies die Richter an, den Angeklagten zu verurteilen, falls sich bestimmte Behauptungen des Anklägers als richtig erweisen sollten. Falls nicht, hatten sie auf Freispruch zu erkennen.

Dieser erste Teil (*in iure*) war die einzige Phase des Prozesses, in die ein staatlicher Beamter eingebunden war. Der zweite Teil (*in iudicio* oder *apud iudicem*) lag als Beweisaufnahme und Urteilsfindung im Rahmen der vom Praetor vorgegebenen Bahnen ganz in den Händen juristischer Laien. *Sie* durch eine geschickte Darstellung des Sachverhalts auf ihre Seite zu ziehen mußte das Bestreben beider Parteien sein. Und deshalb machten Appelle an den *common sense* der Richter, an ihr Gespür für Fairneß und Billigkeit größeren Eindruck als subtile oder gar als spitzfindig empfundene juristische Ausführungen. Manches, was Cicero in dieser Hinsicht als allgemeine Einsicht, Feststellung und Empfehlung formuliert, hat durchaus Anspruch auf überzeitliche Aktualität, zumal wenn es sprachlich in ein elegant-sententiöses Gewand gehüllt ist. Und auch seine Beobachtungen und Ratschläge, wie man mit Zeugen und Angeklagten, mit Richtern und Rechtsanwälten umzugehen habe oder welche Strategien der Ankläger und welche der Verteidiger verfolgen solle, sind auch nach zweitausend Jahren noch bedenkenswert: Unterschiedliche Prozeßordnungen setzen psychologische Mechanismen ja keineswegs außer Kraft. Gewiß, die Rolle des Verteidigers war im römischen Rechtswesen anders definiert. Er galt nicht als Organ der Rechtspflege, das auf die Einhaltung von Rechtsnormen verpflichtet war, sondern er konnte sich ausschließlich auf das Wohl seines Mandanten konzentrieren. Was Cicero ehrlich ausspricht, müßte ein heutiger Rechtsanwalt viel vorsichtiger formulieren: »Aufgabe des Richters ist es stets, in Prozessen der Wahrheit nachzugehen; Aufgabe des Anwalts, manchmal das Wahrscheinliche, auch wenn es nicht ganz wahr sein mag, zu verteidigen« (off. II 51). Aber ist dies nicht eine realistische, de facto auch für das heutige Rechtssystem gültige Beschreibung anwaltlicher Tätigkeit?

Cicero jedenfalls hatte keine Hemmungen, diesen Grundsatz zu befolgen. Vertuschen, verdrehen, bewußt die Unwahrheit sagen – das war Teil des Rollenspiels, und es beschädigte den Ruf und die Glaubwürdigkeit eines vor Gericht agierenden Redners keineswegs, wenn er als Ankläger in einem Prozeß das Gegenteil dessen vertrat, was er als Verteidiger in einem früheren Verfahren dargelegt hatte. Die Römer setzten auf eine Dialektik der Wahrheitsfindung, die sich im Widerspiel auch einseitiger Behauptungen und Gegenbehauptungen vollzog. Der antike Zuhörer verstand sich auf die augenzwinkernde Theatralik und das Rollenverhalten, die zu diesem dialektischen Prozeß gehörten, und er goutierte sie – ganz im Unterschied zu späteren Zeiten, die solchen »Opportunismus« höchst befremdlich fanden und ihn zum Teil mit teutonischer Rigidität kritisierten wie z. B. Johann Ernst Philippi, der seine »Enthüllungen« über Ciceros Quinctius-Rede im Jahre 1735 mit dem strammen Titel überschrieb: »Cicero, ein großer Windbeutel, Rabulist und Charlatan.«

Man kann, ja muß das Ganze gelassener sehen, und zwar gar nicht einmal nur mit römischen Augen. Gibt es bei den vor Gericht verhandelten Dingen stets *die* Wahrheit? Gibt es oft genug nicht auch mehrere Wahrheiten aus unterschiedlichen Perspektiven heraus? Ein Teil jener »Widersprüche« und »Verdrehungen« der Realität, die man dem Advokaten Cicero vorwerfen kann, läßt sich mit diesem Zweifel erklären. Das betrifft natürlich auch die in diesem Band versammelten »Goldenen Worte«. Als prägnante Formulierungen aus ihrem Kontext genommen, stehen sie gelegentlich für unterschiedliche Standpunkte. Ihre scheinbare Widersprüchlichkeit spiegelt insofern die unterschiedlichen Rollen und Funktionen Ciceros in verschiedenen Prozessen wider. Aber muß man Goldene Worte unbedingt auf die Goldwaage konzeptioneller Stimmigkeit legen? Können nicht auch sie Ausdruck mehrerer Wahrheiten sein?

Zu den aus heutiger Sicht erstaunlichen Freiheiten römischer Prozeßreden gehören auch scharfe verbale Attacken auf die Gegenseite, die Schmähungen ebenso umfaßten wie Unterstellungen, »schmutzige Wäsche« mit Details aus der Privatsphäre des Kontrahenten sowie Beleidigungen, die heutzutage unweigerlich neue Prozesse im Gefolge hätten. Nicht so in Rom: Dort war man weitaus weniger zimperlich. Wenn es im Prozeßinteresse lag, focht man auch schon einmal mit dem schweren Säbel der persönlichen Verunglimpfung. Das klärte zumindest die Fronten, und die Zuhörer hatten ihr Vergnügen am verbalen Kleinkrieg ab und zu auch einmal auf diesem Niveau. Noch heftiger ging es freilich in der politischen Rede zur Sache. Vor allem gegenüber seinen Lieblingsgegnern Verres, Catilina, Clodius und Marc Anton warf Cicero mit Verbalinjurien nur so um sich; da mutierte der sonst so kultivierte, geistvolle *homme de lettres* zum pöbelnden Racheengel, dessen Repertoire an Beleidigungen bis hin zu unflätigen Schimpfkanonaden schier unerschöpflich erscheint. Das letzte Kapitel bietet einige Kostproben dieses eher unbekannten Cicero – eher zum Amüsement als zur Nachahmung. Wobei freilich noch zu überprüfen wäre, ob ein durch den großen Cicero geadeltes Schimpfwort als bloßes Zitat überhaupt justitiabel wäre – zumal in verklausulierter Form wie: »Cicero hätte Sie jetzt als *caenum, portentum, scelus* bezeichnet ...«

Freilich: Wer austeilte, mußte auch einstecken können. Es ist deshalb nicht verwunderlich, daß sich im Corpus der Schriften Sallusts auch eine Schmährede gegen Cicero erhalten hat, die sich ganz in ciceronischer Manier gegen den Meister selbst wendet und ihm u. a. bescheinigt, »ein haltloser Mensch« zu sein, »kriecherisch gegenüber seinen persönlichen Feinden und schmähsüchtig gegenüber seinen Freunden ..., ein käuflicher Advokat, ein Kerl, an dem kein Körperteil frei ist von Schande, mit verlogener Zunge und raffgierigen Händen ...« Und dergleichen mehr.

Verlassen wir die Niederungen der verbalen Schlammschlacht und wenden wir uns dem zu, was Cicero so berühmt und unvergleichlich macht: seiner Redekunst. Wortgewalt und Gedankenreichtum waren wichtige Fundamente seiner Rhetorik; entscheidend für ihre Durchschlagskraft war aber die richtige Disposition dieser »Grundstoffe« in Verbindung mit einer klaren Redestrategie. Für diese wiederum bedurfte es eines psychologischen Einfühlungsvermögens, das nicht nur die Interessenlagen und Stimmungen aller am Prozeß Beteiligten ins Kalkül zog, sondern auch das aktive Einwirken des Redners auf deren Psyche umfaßte. Und das hieß: Man mußte sich die Wirkung eines jeden Gedankens und Satzes klarmachen, bevor man ihn aussprach. Um diese Wirkung zu steigern, stellte die Rhetorik ein reiches Instrumentarium stilistischer Mittel bereit. Der wohlberechnete und wohldosierte Einsatz dieser stilistischen Kunstgriffe war ein entscheidender Bestandteil jedes rhetorischen Konzeptes. Man durfte sich dabei nicht auf Augenblickseinfälle verlassen, sondern mußte die Wirkung des Wechselspiels von Gehalt und Gestalt der Argumentation genauestens antizipieren. Die Rede entstand somit am Schreibtisch, man ist fast versucht zu sagen: am rhetorischen Reißbrett.

Freilich: Ein bloßes Vorlesen der Rede hätte ihr viel Schwung genommen; es hätte Gestik und Mimik des Redners – wichtige, oft entscheidende Mittel, um die Glaubwürdigkeit des Vorgetragenen, seine Authentizität gewissermaßen, anschaulich zu demonstrieren – in ihren Möglichkeiten stark eingeengt, den Eindruck von Frische und Lebendigkeit und die davon ausgehende Überzeugungskraft reduziert. Also galt es, das ausgefeilte Konzept auswendig zu lernen und die Rede auch gestisch und mimisch einzustudieren – harte Arbeit auch für den Rhetorik-Künstler. Handwerkliches rhetorisches Können ohne schauspielerisches Talent reichte nicht aus. Die beabsichtigte Psychagogie – »die Gefühle der Zuhörer in der Richtung zu beeinflussen, die der Prozeß jeweils erfordert« (de or. II 115) – konnte nur gelingen, wenn der Vortrag selbst sozusagen die Hör- und Schaulust des Auditoriums befriedigte: »Bei weitem erfolgreicher ist der, der den Richter emotional packt, als der, der ihn nur informiert« (Brut. 89).

Cicero war weder der Erfinder der Rhetorik – sie stand seit dem 5. Jh. v. Chr. in Griechenland in voller Blüte –, noch brauchte er sie in Rom heimisch zu machen: Seit dem 2. Jh. v. Chr. war die römische Aristokratie bei griechischen Lehrern der Beredsamkeit in die Schule gegangen, und es hatte sich auch schon eine eigenständige lateinische Rhetorik etabliert. Das Verdienst Ciceros aber war es, das gesamte Lehrwerk der Rhetorik in seinen theoretischen Schriften systematisch zusammengefaßt und ihm eine philosophische Fundierung gegeben zu haben. Aus diesem Teil seines literarischen Werkes ragt besonders die dreibändige Abhandlung *de oratore* (»Über den Redner«) hervor, die er im Jahre 55 v. Chr. verfaßte. In ihr stellt er sein Bildungsideal des *orator perfectus* dar, das sich nicht auf die technisch-handwerkliche Seite der Redekunst beschränkt, sondern sie in den großen Zusammenhang einer Redekultur stellt, die einem freien Staat ihren unverwechselbaren Stempel aufdrückt. Sie lenkt und veredelt einen öffentlichen Diskurs, der sich auf politische Themen ebenso erstreckt wie auf ethische und juristische.

Aus dem rhetorischen Konzept erwachsen konkrete Rezepte seiner Anwendung. In einer Anthologie wie der vorliegenden lassen sich nur Kernsätze dieses Programms und allgemeine Maximen seiner praktischen Umsetzung zusammenstellen. Die »Rezepte« haben nichts von ihrer Aktualität verloren – erst recht, wenn man sich die Mühe macht, sie im Argumentations- und Darstellungszusammenhang einer rhetorischen Schrift Ciceros nachzulesen. Da läßt sich einiges zur praktischen Nutzanwendung lernen. Immerhin ist die Kunst der Gerichtsrede – auch auf den Spuren Ciceros – bis ins 19. Jh. hinein Teil der juristischen Ausbildung gewesen. Ob freilich das dahinterstehende Konzept einer anspruchsvollen, auch ästhetisch befriedigenden öffentlichen rhetorischen Kultur zeitgemäß ist, darf man angesichts des gegenwärtigen Mainstreams medialer Unkultur eher bezweifeln.

Eine besondere Ehrenstellung in der Geschichte der Rhetorik kommt Cicero aus einem weiteren Grunde zu: Er hat Theorie und Praxis der Redekunst auf überzeugende Weise miteinander verbunden. Daß die »graue« rhetorische Theorie auch die lebensnahe Härteprüfung im Gerichtssaal, im Senat und auf dem Forum bestand, demonstrierten Ciceros öffentliche Auftritte eindrucksvoll. Das trifft nicht nur in der Rückschau auf die Summe seines Lebens zu – »Cicero gilt nicht mehr nur als der Eigenname eines Menschen, sondern als Name der Beredsamkeit selbst«, sagt der berühmte Rhetoriklehrer Quintilian (X 1, 112) –, sondern es gilt bereits für seine ersten Prozesse.

Am 3. Januar 106 v. Chr. in der Landstadt Arpinum knapp 100 km südöstlich von Rom geboren, wuchs Cicero in einer wohlhabenden Familie auf. Sie gehörte zu den Rittern, dem zweiten Stand nach dem der Senatoren. Cicero erhielt eine sehr gute Ausbildung in Rhetorik und Philosophie – wie sich bald herausstellte, eine hervorragende »Investition« in eine Karriere, die im Jahre 81 v. Chr. mit der Übernahme des Verteidiger-Mandats in einer komplizierten privatrechtlichen Auseinandersetzung begann –, jedenfalls ist die Rede *pro*

Quinctio die früheste der insgesamt 58 überlieferten Reden Ciceros. Der Fall an sich war nicht spektakulär; er erregte allerdings dadurch einiges Aufsehen, daß es Cicero auf der Gegenseite mit Quintus Hortensius, dem damals berühmtesten Anwalt Roms, zu tun hatte. Wir wissen nicht genau, wie der Prozeß ausgegangen ist. Wahrscheinlich hat Cicero den Fall sogar gewonnen. Fest steht jedenfalls, daß er seinem prominenten Gegner nachdrücklich Paroli geboten hat.

Damit hatte sich der 25jährige auf dem rhetorisch-juristischen Parkett profiliert. Der Durchbruch gelang ihm ein Jahr später, als er seine erste *causa publica* übernahm, die strafrechtliche Verteidigung des Sextus Roscius aus Ameria. Gegen den jungen Mann hatten die vom Tode seines Vaters Begünstigten ein Komplott geschmiedet. Um ihre durch politisch-kriminelle Intrigen erlangte Nachlaß-Beute gegen die Erbansprüche des Sohnes zu schützen, klagten sie ihn kurzerhand des Vatermordes an. Die Sache war heikel, weil auf der Gegenseite Chrysogonus stand, ein einflußreicher Günstling des Diktators Sulla. Bekanntere Anwälte als der junge Cicero wagten sich in das politische Minenfeld eines solchen Verfahrens nicht hinein; Cicero dagegen riskierte es, die Verteidigung des offensichtlich unschuldigen Roscius zu übernehmen. Und er nutzte die damit verbundene Chance. Dank seiner Beredsamkeit erreichte er den Freispruch für seinen Mandanten – gerade angesichts der widrigen politischen Umstände ein

großer Erfolg, der seinen Ruf als ebenso engagierter wie effizienter Sachwalter weiter stärkte.
Zwischen 79 und 77 v. Chr. unterbrach er seine Tätigkeit als Anwalt und begab sich – auch wegen seiner angegriffenen Gesundheit – auf eine Bildungsreise nach Griechenland und Kleinasien. Dort vertiefte er sein rhetorisches und philosophisches Wissen, indem er bei den bedeutendsten Koryphäen seiner Zeit studierte.
Im Herbst 77 kehrte er nach Rom zurück. Er war entschlossen, politisch Karriere zu machen. Die Anwaltstätigkeit war das geeignete Sprungbrett dazu: Man agierte in der Öffentlichkeit und machte so auf sich aufmerksam. Wenn sich dann noch ein solcher Erfolg einstellte, wie Cicero ihn in seinen ersten Prozessen errungen hatte, waren die Aussichten gut, die Ambitionen auf politischem Feld verwirklichen zu können. Tatsächlich schaffte es Cicero, für das Jahr 75 v. Chr. zum Quaestor gewählt zu werden. Damit lag er sozusagen in der Zeit: Er erreichte dieses Eingangsamt auf der Karriereleiter der römischen Magistratur *suo anno*, »in seinem Jahr«, d. h. dem frühestmöglichen Jahr. Als Quaestor wurde er dem Stab des Provinzstatthalters von Sizilien mit Sitz in Lilybaeum zugewiesen.
Mit seiner für römische Provinzialbeamte keineswegs selbstverständlichen Integrität machte sich Cicero auf Sizilien einen guten Namen. Wie gut, zeigte sich ein paar Jahre später, als ihn die Sizilier baten, ihre Interessen als Ankläger in einem Repetundenprozeß wahrzu-

nehmen. Caius Verres hatte die Insel als Statthalter Siziliens von 73 bis 71 v. Chr. auf skandalöse Weise ausgeplündert – deutlich schamloser und rücksichtsloser, als es dem üblichen Maß entsprach. Die Provinzialen forderten ihr Eigentum zurück *(res repetere)*; sie wollten Verres wegen Erpressung verurteilt sehen. Cicero nahm das Mandat an – einer der wenigen Fälle, in denen er als Ankläger aufgetreten ist – und reiste nach Sizilien, um Beweise zu sammeln und Zeugen zu hören. Dort behinderten ihn die Freunde des mächtigen Verres ebenso massiv, wie dessen Parteigänger in Rom versucht hatten und weiter versuchten, den Prozeß zu torpedieren. Vergebens. Cicero legte gleich zu Beginn der Verhandlung derart erdrückendes Beweismaterial vor, daß Verres aufgab. Er zog sich »freiwillig« ins Exil nach Marseille zurück – eine empfindliche Schlappe auch für Hortensius, der die Verteidigung des Verres übernommen hatte. Der Ausgang des Prozesses zeigte, daß Cicero nunmehr endgültig über seinen berühmten Konkurrenten gesiegt hatte. Spätestens jetzt war er *der* führende Sachwalter und Redner Roms; als »König der Gerichtshöfe« apostrophierten ihn schon seine Zeitgenossen (Quint. X 1, 112).

Mit dem Rückenwind des erfolgreichen Anwalts, der auch in den nächsten Jahren zahlreiche aufsehenerregende Prozesse führte, konnte Cicero auch seine politische Karriere vorantreiben. Der weitere Aufstieg vollzog sich zwar keineswegs so mühelos, wie es die spröden Jahresdaten seines *cursus honorum* (69 Aedil; 66 Praetor) suggerieren. Aber er gelang, und er wurde zudem durch das Consulat im Jahre 63 v. Chr. gekrönt. Zum ersten Male seit rund drei Jahrzehnten hatte es damit wieder einmal ein *homo novus* zum höchsten Staatsamt in Rom gebracht, ein »neuer Mann«, in dessen Familie vor ihm noch niemand in diese Spitzenposition gelangt war. Der Ritter Cicero hatte es geschafft, in die senatorische Domäne des römischen Oberamtes einzudringen – einer der wenigen Fälle im Laufe der langen römischen Geschichte, in denen das geglückt war. Zum größten Teil verdankte Cicero diesen Aufstieg seiner Beredsamkeit in Gerichts- und politischen Reden. Nur so hatte er vor einer großen Öffentlichkeit für sich werben und die Prominenz erringen können, ohne die sich seine ehrgeizigen Pläne schwerlich hätten verwirklichen lassen. Kein Wunder, wenn dieser Erfolg Cicero zeitlebens mit ungeheurem Stolz erfüllte.

Dies um so mehr, als er sich viel darauf zugute hielt, als Consul die Catilinarische Verschwörung erfolgreich – und weitgehend ohne Waffengewalt – bekämpft zu haben. Catilina war ein verarmter Adliger, der bei den Consulatswahlen bereits zweimal gescheitert war und nunmehr mit Hilfe eines Staatsstreichs die Macht an sich reißen wollte. Die Aktiven, die er um sich scharte, waren wenig mehr als eine Truppe von Desperados. Catilina wußte jedoch einige einflußreiche aristokratische Politiker hinter sich, die mit dem Umsturzversuch sympathisierten, um ihre eigenen machtpolitischen Ambitionen besser verwirklichen zu können, z. B. Caesar. Freilich hielten sich diese Förderer geschickt im Hintergrund; nachzuweisen war ihnen nichts. Cicero erfuhr von Attentatsplänen der Catilinarier; auch auf ihn selbst war ein Mordanschlag geplant. Er stand allerdings vor einem Problem: Solange sich Catilina in Rom – und nicht bei seinen Truppen – aufhielt, war der Beweis seiner Rädelsführerschaft schwer zu erbringen. In dieser Situation setzte Cicero ganz auf seine rhetorischen Fähigkeiten. In der Senatssitzung vom 7. November attackierte er den anwesenden Catilina so vehement, daß der politisch völlig isoliert dastand und fluchtartig die Stadt verließ. Das war das ersehnte Bekenntnis zur Verschwörung. Die in Rom verbliebenen Catilinarier wurden verhaftet, einige auf Betreiben Ciceros hingerichtet.

Die Erste Catilinarische Rede ist vor allem deshalb mit Recht so berühmt geworden, weil Cicero hier mit einer Reihe von Bluffs gearbeitet hat. Es waren nicht offensichtliche, unwiderlegbare Fakten und Beweismittel, die Catilina aus der Stadt jagten, sondern es war die Macht des Wortes, die Suggestionskraft wirkungsvoller Rhetorik, der sich die Zuhörer nicht entziehen konnten – die Senatoren nicht und auch nicht Catilina.

Die vier Catilinarischen Reden Ciceros sind seine bekanntesten Staatsreden. Sie erweisen Redekunst eindrucksvoll als politische Wirkkraft – was ihrer »Karriere« als Lektüre im schulischen Lateinunterricht enorm zugute gekommen ist. Das alles darf freilich nicht den Blick darauf verstellen, daß die Catilinarische Verschwörung nicht mehr war als eine Fußnote der Weltgeschichte und daß sie auch nicht zu den zentralen Ereignissen der römischen Geschichte zählt. In diesen Rang hat sie nur derjenige gehoben, der die Erinnerung an sein Consulat möglichst hochhalten wollte: Cicero.

Immerhin attestierte man dem Consul des Jahres 63, das Vaterland gerettet zu haben – und der vertraute in den nächsten Jahren mit allzu großer Naivität und Selbstüberschätzung darauf, daß man einen »Vater des Vaterlandes« von der großen Politik nicht ausschließen könne. Ein fataler Irrtum, wie sich schon wenige Jahre später herausstellte. Durch ihr Triumvirat hatten Pompejus, Caesar und Crassus die republikanische Verfassung de facto aus den Angeln gehoben. Die neuen Machthaber warben um ihn, aber Cicero war nicht bereit, seine politische Unabhängigkeit aufzugeben. Als überzeugter Vertreter der Republik wollte er den Tendenzen zur Auflösung der althergebrachten Ordnung nicht Vorschub leisten. Daß diese Ordnung nicht nur durch machthungrige Einzelpersönlichkeiten gefährdet, sondern durch neue soziale und wirtschaftliche Strukturen mehr und mehr ausgehöhlt wurde, sah er nicht.

Die Folge seiner Fehleinschätzungen war die politische

Kaltstellung, und zwar in der demütigenden Form der Verbannung. Mit Rückendeckung der Triumvirn brachte Ciceros Todfeind Clodius ein Gesetz durch, dem zufolge geächtet werden solle, wer einen römischen Bürger ohne Zustimmung des Volkes getötet habe. Das Gesetz zielte eindeutig auf Cicero. Seine Catilina-Politik holte ihn nunmehr ein. Der ehemalige Konsul, der führende Catilinarier hatte hinrichten lassen, wurde politisch abgestraft: Im Jahre 58 v. Chr. ging er ins griechische Exil.

Seine Rückberufung und Rehabilitation ein gutes Jahr später änderten nichts daran, daß er seinen politischen Einfluß eingebüßt hatte. Für den ehrgeizigen, von der eigenen Bedeutung zutiefst durchdrungenen Politiker Cicero ein bitteres Schicksal; für die europäische Geistesgeschichte indes ein Glücksfall: Der rastlose Cicero stürzte sich in eine ungemein produktive schriftstellerische Arbeit. In den Jahren 55 bis 51 v. Chr. entstanden bedeutende Werke, in denen er griechische Philosophie und Rhetorik – seine Bücher zur Redekunst zählte er selbst zu seinen philosophischen Werken – nach Rom vermittelte. Besonders wichtig war dabei die sprachliche Leistung: Durch seine »Übersetzungs«-Arbeit betrieb Cicero systematisch-philosophische Begriffsbildung für das Lateinische, die spätere Wissenschaftssprache des Abendlandes.

Über die drei im Jahre 55 verfaßten Bücher *de oratore* ist bereits gesprochen worden. In den nächsten Jahren arbeitete Cicero an zwei staatsphilosophischen Werken, *de re publica* (»Über den Staat«) und *de legibus* (»Über die Gesetze«). Die Bezugnahme auf Platons *Politeia* bzw. *Nomoi* ist unverkennbar. Tatsächlich stand Cicero der Neuen Akademie in der Nachfolge Platons nahe, er vertrat aber auch stoische Positionen: ein undogmatischer Eklektiker, der eher Philosophiehistoriker war als eigenständiger Philosoph.

In der Staats- und Rechtsphilosophie vertrat Cicero dezidiert einen naturrechtlichen Standpunkt. Die Natur ist für ihn der entscheidende Bezugspunkt, um das Wesen von Gerechtigkeit und Recht zu bestimmen. Die Gesetze sind konsequenter Ausdruck der naturgegebenen Ordnung, die als höchste Vernunft zu respektieren ist. Da der Mensch dieser Vernunft teilhaftig ist, kann und muß er zugleich sein Zusammenleben mit den anderen vernunftbegabten Wesen auf der Grundlage der allumfassenden Vernunft organisieren. Der Römer Cicero war überzeugt, daß die gerechte Weltgesetzgebung in der römischen Gesetzgebung angelegt sei – eine Verpflichtung für die imperiale Macht Rom und zugleich Teil der Legitimation ihres Herrschaftsanspruchs.

Ciceros Nachdenken über das Verhältnis zwischen Bürgern und Staat, über die beste Staatsform und die damit zusammenhängende effizienteste Durchsetzung des »natürlichen« Gerechtigkeitsprinzips hat die geistesgeschichtliche Tradition Europas stark beeinflußt.

Das wäre an sich Grund genug, seine oftmals sententiös formulierten Einsichten und Ansichten dazu zusammenzustellen. Doch verbindet sich damit nicht nur historisches Interesse. Sie fordern auch heute noch zur geistigen Auseinandersetzung heraus – auch und gerade, wenn manche Thesen zum Widerspruch reizen mögen und ihre Interessengebundenheit offensichtlich ist –, ein nicht unerhebliches Potential, den eigenen Standpunkt im und durch den Vergleich mit Ciceros Gedanken klarer zu bestimmen.

Bei Ciceros rechts- und staatsphilosophischen Überzeugungen erweist sich die Fruchtbarkeit der Beschäftigung mit der griechisch-römischen Antike auf geradezu idealtypische Weise. Auf der einen Seite stehen wir noch in dieser geistesgeschichtlichen Tradition und erfahren damit etwas über unsere eigene Geschichte und das Werden zentraler Wertvorstellungen, die als Überzeugungen noch tief in uns wurzeln (ohne daß dies dem »modernen« Menschen überhaupt präsent wäre). Auf der anderen Seite reizt uns die Fremdheit mancher Positionen zum Vergleich, zum Widerspruch, hier und da auch zu neuer Einsicht und Zustimmung – ein intellektueller Dialog, dessen besondere Stärke das Pendeln zwischen dem Eigenen und dem Fremden ist: ein dialektischer Prozeß von Selbst- und Fremderfahrung, dessen geistige Früchte sich nicht nur auf das Verstehen der Vergangenheit, sondern auch auf die Gestaltung der Zukunft beziehen können.

Insofern ist auch die Kritik unerheblich, die man gelegentlich an Ciceros philosophischem Eklektizismus geübt hat. Für ihn steht das Gemeinwohl im Zentrum der Staatsphilosophie. Vornehmste Aufgabe der Gesetze ist es, dieses Gemeinwohl zu sichern. Das ist gut stoisch gedacht, und erst recht ergeben sich für Cicero die grundlegenden Regeln für das menschliche Zusammenleben aus der stoischen Moral. In *de legibus* verquickt Cicero ebenso wie in den späteren Abhandlungen *de officiis* (»Über die Pflichten«) und *de finibus bonorum et malorum* (»Über das höchste Gut und das größte Übel«) die ethischen Positionen der Stoa mit dem Naturrechtsbegriff. Er stülpt dem Recht gewissermaßen die Theorie der stoischen Moral über. Freilich: Was in der theoretischen Systematik als Vermischung zweier unterschiedlicher Konzepte unsauber erscheinen mag, ist ja deshalb als »Mischkonzeption« nicht von vornherein desavouiert. Mögen sie auch nicht Ausdruck einer »reinen Lehre« sein, so laden die einschlägigen Kapitel dieser Anthologie im oben skizzierten Sinne gleichwohl zur Auseinandersetzung ein. Wenn sie Lust darauf machen, *de re publica* oder *de officiis*, *de legibus* oder *de finibus* als Ganzschriften zu lesen, haben sie ihre Appetizer-Funktion mehr als erfüllt.
In diese literarische Schaffensperiode fielen auch einige Prozesse. Der bedeutendste war das Verfahren gegen den Polit-Terroristen Milo, dem vorgeworfen wurde, seinen – und Ciceros! – Widersacher Clodius auf der

Via Appia ermordet zu haben. Milo war um keinen Deut besser als sein Opfer; er und seine Terrorbande standen für Cicero freilich auf der »richtigen« Seite als Anhänger und Instrument der Senatspartei. Das Prozeßgeschehen wurde durch massive Einschüchterungsversuche von seiten der Clodianer beeinflußt. Der Druck der Straße und das von Pompejus rings um das Forum zusammengezogene Militär verunsicherten Cicero erheblich. Sein Schlußplädoyer litt daher an ungewohnten Konzentrationsschwächen und Argumentationsbrüchen – und Milo wurde prompt verurteilt. Wie bei einigen anderen Prozessen veröffentlichte Cicero später ein überarbeitetes Redekonzept, aus dem in diesem Falle die Schwachpunkte des tatsächlich gehaltenen Plädoyers getilgt waren. Eines dieser Exemplare schickte er an den verbannten Milo. Der soll ihm ironisch dafür gedankt haben, daß Cicero vor Gericht nicht so großartig gesprochen habe, weil er sonst jene köstlichen Seebarben nie probiert hätte, die es nur in Marseille gebe …

Kurz nachdem er *de re publica* geschrieben hatte, übernahm Cicero noch einmal ein hohes politisches Amt. Im Sommer 51 v. Chr. reiste er nach Kilikien ab, um dort als Propraetor die Statthalterschaft zu übernehmen – durchaus gegen seinen Willen, denn er fühlte sich geradezu nach Kleinasien abgeschoben, während in Rom der Machtkampf zwischen den ehemaligen verbündeten Triumvirn Caesar und Pompejus entbrannte.

In das diplomatische Tauziehen um die führende Stellung im Staat konnte Cicero dadurch nicht eingreifen. Wohl aber kam er gerade rechtzeitig zurück, um die kriegerische Endphase dieser Auseinandersetzung zu erleben. Wenige Tage nachdem Cicero wieder in Rom war, überschritt Caesar im Januar 49 v. Chr. den Rubikon. Erneut taumelte das Römische Reich in einen Bürgerkrieg.

Daß Caesar der für diese Katastrophe der römischen Republik Verantwortliche war, stand für Cicero außer Frage. Er bekannte sich ohne Wenn und Aber zur alten Ordnung, und Caesar war deren erklärter Feind. Aber auch von Pompejus war Cicero stark enttäuscht, zumal sich der mit einem Großteil der Senatoren nach Griechenland absetzte und Caesar damit Italien – vorerst – kampflos überließ. Cicero verhielt sich zunächst neutral, er hoffte auch, als Friedensvermittler gerufen zu werden. Ein persönliches Gespräch mit Caesar bestärkte ihn dann allerdings in der allmählich gewachsenen Überzeugung, daß er sich zur Senatspartei auch äußerlich bekennen müsse: Anfang Juni verließ auch Cicero Italien, um sich ins Lager der Pompejaner zu begeben.

Er spielte dort indes keine wichtige Rolle. An der Entscheidungsschlacht bei Pharsalos im Jahre 48 nahm er nicht teil. Caesars Sieg war für ihn keine große Überraschung. Im Jahre 47 kehrte er nach Italien zurück. Caesar verzieh ihm, politisch aber hatte das keine Folgen: Cicero war unter der neuen Alleinherrschaft endgültig kaltgestellt.

Für Cicero war mit Caesars Sieg im Bürgerkrieg eine Welt zusammengebrochen. *Seine* politische Welt, die freie Republik, existierte nicht mehr. Persönliche Schicksalsschläge kamen hinzu: die Scheidung von seiner Frau nach fast dreißig Ehejahren und der Tod der geliebten Tochter Tullia. Wie sehr er darunter litt, welchen Stimmungsschwankungen er ausgesetzt war, wie er die politische und gesellschaftliche Situation wirklich einschätzte, erhellt aus einer ebenso ungewöhnlichen wie unschätzbaren Quelle: seinen Briefen. Sie zeigen uns – übrigens nicht nur für diese schwere Zeit, sondern auch für andere Perioden seines Lebens – einen anderen Cicero als den der öffentlichen Auftritte: Den Privatmann, den Menschen Cicero ohne die Rollenverpflichtungen, ohne die Maske, die seine Stellung in der Öffentlichkeit notwendig mit sich brachte. Dank vier umfangreicher Briefsammlungen – je 16 Bücher an seine Freunde und an Atticus sowie je zwei Bücher an seinen Bruder Quintus und an den späteren Caesar-Mörder Brutus – mit insgesamt 931 Schreiben aus seiner Feder ist Cicero die bestbekannte Gestalt des gesamten Altertums.

Öffentlich trat Cicero in der Zeit der Diktatur Caesars nur selten in Erscheinung. Zu den wenigen Auftritten zählten zwei Reden als Verteidiger ehemaliger Pompejaner. Um so intensiver widmete sich Cicero der philosophischen Schriftstellerei. Das von den politischen Umständen erzwungene *otium* trug erneut überaus reiche literarische Früchte. In dieser zweiten schriftstellerischen Periode entstanden neben den schon erwähnten Abhandlungen *de finibus* und *de officiis* weitere bedeutende Schriften: u. a. die *Tusculanae disputationes* (»Gespräche in Tusculum« über die Beherrschung der Gemütsbewegungen, über Leid, Tod und Todesfurcht), die *Academica* (»Akademische Bücher« über das Erkenntnisproblem) sowie die religionsphilosophischen Schriften *de natura deorum* (»Über das Wesen der Götter«), *de divinatione* (»Über die Weissagung«) und *de fato* (»Über das Schicksal«). Außerdem publizierte Cicero mit dem *Brutus* und dem *orator* (»Der Redner«) zwei weitere theoretische Abhandlungen zur Rhetorik und ihrer Geschichte.

An dem Attentat auf Caesar am 15. März 44 v. Chr. war Cicero nicht beteiligt. Er machte aber keinen Hehl daraus, wie sehr er den Tyrannenmord begrüßte – zumal er ihm als Chance erschien, die schon verloren geglaubte republikanische Verfassung noch einmal wiederzubeleben. Mit größtem Einsatz stürzte er sich wieder in die politische Arena. Als Führer der Senatspartei kämpfte er leidenschaftlich gegen Marc Anton, den ehemaligen Vertrauten Caesars, der als Consul für die Gültigkeit aller Verfügungen des ermordeten Diktators stritt. Cicero argwöhnte, daß Antonius über kurz oder lang die Nachfolge Caesars als Alleinherrscher anstrebte. Mit ihm war die *res publica* jedenfalls nicht zu retten, sondern nur im Widerstand gegen ihn: daher der unversöhnliche Ton, der Ciceros rhetorisches Spätwerk prägt. Seine vierzehn gegen Marc Anton gerichteten Reden sind als *Philippica* oder »Philippische Reden« bekannt. Die auf eine spöttische Äußerung Ciceros zurückgehende Bezeichnung evoziert die Parallele zu den nicht minder leidenschaftlichen Staatsreden, die Demosthenes im 4. Jh. v. Chr. gegen Philipp. II von Makedonien gehalten hatte. Noch einmal zog Cicero alle rhetorischen Register mit dem Ziel, Marc Anton offiziell zum Staatsfeind erklären zu lassen.

Die nach dem Mord an Caesar aufgekeimte Hoffnung der Republikaner wurde bald zunichte gemacht, als Antonius und Octavian, der Adoptivsohn Caesars – der spätere Kaiser Augustus –, sich im Jahre 43 v. Chr. auf ein (taktisches) Zusammengehen einigten. Octavian, in den Cicero große Erwartungen gesetzt hatte, brach mit dem Lager der Republikaner und schloß mit Antonius und Lepidus das Zweite Triumvirat. Zu den Vereinbarungen dieses Dreimännerbundes gehörte eine Liste politischer Gegner, die man für vogelfrei erklärte. Auch Ciceros Name stand auf dieser Proskriptionsliste. Am 7. März 43 v. Chr. tauchte ein Mördertrupp auf Ciceros Landgut bei Formiae auf und brachte ihn um. Zwanzig Jahre nachdem er zum »Vater des Vaterlandes« ausgerufen worden war, starb Cicero als römischer Patriot und überzeugter Verfechter jener

freien *res publica*, deren Freiheit des Wortes ihn großgemacht hatte.
Sein literarischer Nachlaß ist gewaltig. Vom Umfang her ist er der größte aller griechischen und römischen Autoren vor der Zeit der Spätantike. Daß er auch qualitativ zum Besten gehört, was aus dem Altertum auf uns gekommen ist, bedarf keines Beweises. Ein winziger Ausschnitt aus dem riesigen Œuvre ist in dieser Anthologie unter dem relativ weit gefaßten Schwerpunkt »Recht« zusammengestellt. Daß ein blendender Stilist wie Cicero auch eine Reihe allgemeiner Sentenzen und sprichwörtlich gewordener Redensarten wie das berühmte *o tempora, o mores* geprägt hat, verwundert nicht. Darf man hoffen, daß solche allgemeingültigen Lebensweisheiten auch »für Juristen« gelten? Denen sagt man ja nach, eine besondere Spezies Mensch zu sein. Aber jedenfalls »Mensch«, so daß wir uns auf Ciceros Rat berufen können: *sint semper omnia homini humana meditata* (»Ein Mensch sollte stets alles Menschliche bedenken«; Tusc. III 30).

Abkürzungsverzeichnis der Werke Ciceros

Acad.	Academica
Arch.	pro Archia poeta
Att.	epistulae ad Atticum
Brut.	Brutus
Caec.	pro A. Caecina
Cael.	pro M. Caelio
Cat.	in Catilinam
Cato	Cato maior de senectute
Cluent.	pro A. Cluentio
div.	de divinatione
div. in Caec.	divinatio in Q. Caecilium
dom.	de domo sua
fam.	epistulae ad familiares
fat.	de fato
fin.	de finibus
har.	de haruspicum responso
inv.	de inventione
Lael.	Laelius de amicitia
leg.	de legibus
leg. agr.	de lege agraria
Mil.	pro T. Annio Milone
nat. deor.	de natura deorum
off.	de officiis
opt. gen.	de optimo genere oratorum
or.	orator
de or.	de oratore
parad.	paradoxa Stoicorum
part.	partitiones oratoriae
Phil.	in M. Antonium oratio Philippica
Pis.	in L. Pisonem
Planc.	pro Plancio
prov.	de provinciis consularibus
ad Qu. fr.	epistulae ad Quintum fratrem
Quinct.	pro Quinctio
p. red. in sen.	oratio post reditum in senatu
p. red. ad Quir.	oratio post reditum ad Quirites
rep.	de re publica
S. Rosc.	pro Sex. Roscio Amerino
Sest.	pro P. Sestio
Tusc.	Tusculanae disputationes
Verr.	in Verrem

Literaturhinweise

1. Ciceros Werke:

Zweisprachige Ausgaben der meisten wichtigen Werke Ciceros liegen in der Reihe »Tusculum« des Verlags Artemis und Winkler (Düsseldorf/Zürich) sowie in der »Universal-Bibliothek« des Reclam-Verlags (Stuttgart) vor.

2. Sekundärliteratur:

D. Berger, Cicero als Erzähler. Forensische und literarische Strategie in den Gerichtsreden, Frankfurt 1978

J. Bleicken, Lex publica. Gesetz und Recht in der römischen Republik, Berlin/New York 1975

M. Bretone, Geschichte des römischen Rechts. Von den Anfängen bis zu Justinian, München 1992

M. L. Clarke, Die Rhetorik bei den Römern. Ein historischer Abriß, Göttingen 1968

C. J. Classen, Cicero, the laws and the law-courts, Latomus 37, 1978, 597 ff.

C. J. Classen, Recht-Rhetorik-Politik. Untersuchungen zu Ciceros rhetorischer Strategie, Darmstadt 1985

E. Costa, Cicerone giureconsulto, 2 Bände, Bologna 2. A. 1927

M. Fuhrmann, Die antike Rhetorik, Düsseldorf/Zürich 4. A. 1995

M. Fuhrmann, Cicero und die römische Republik, München/Zürich 3. A. 1991

M. Gelzer, Cicero. Ein biographischer Versuch, Wiesbaden 1969

M. Giebel, Cicero, Reinbek 11. A. 1997
K. M. Girardet, Die Ordnung der Welt. Ein Beitrag zur philosophischen Interpretation von Ciceros Schrift De legibus, Wiesbaden 1983
J. Graff, Ciceros Selbstauffassung, Heidelberg 1963
P. Grimal, Cicero. Philosoph, Politiker, Redner, München 1988
Chr. Habicht, Cicero der Politiker, München 1990
A. H. M. Jones, The criminal courts of the Roman Republic and Principate, Oxford 1972
M. Kaser, Das römische Zivilprozeßrecht, München 1966
M. Kaser, Römische Rechtsgeschichte, Göttingen 2. A. 1967
J. Kelly, Roman litigation, Oxford 1966
W. Kroll, Die Kultur der ciceronischen Zeit, Leipzig 1933, ND Darmstadt 1963
W. Kunkel, Römische Rechtsgeschichte, Köln/Wien 12. A. 1990
B. Kytzler (Hg.), Ciceros literarische Leistung, Darmstadt 1973
D. Mack, Senatsreden und Volksreden bei Cicero, Diss. Kiel, Würzburg 1937
P. MacKendrick, The speeches of Cicero, London 1995
J. Martin, Antike Rhetorik. Technik und Methode, München 1974
Chr. Meier, Cicero – Das erfolgreiche Scheitern des Neulings in der alten Republik, in: Die Ohnmacht des allmächtigen Diktators Caesar, Frankfurt/M. 1980, 101 ff.
H.-J. Mette, Der junge Zivilanwalt Cicero, Gymnasium 72, 1965, 10 ff.
Chr. Neumeister, Grundsätze der forensischen Rhetorik, gezeigt an den Gerichtsreden Ciceros, München 1964
I. Opelt, Die lateinischen Schimpfwörter und verwandte sprachliche Erscheinungen, Heidelberg 1965

G. Radke (Hg.), Cicero. Ein Mensch seiner Zeit, Berlin 1968
O. Seel, Cicero. Wort, Staat, Welt, Stuttgart 3. A. 1967
D. Stockton, Cicero. A political biography, Oxford 1971
W. Stroh, Taxis und Taktik. Die advokatorische Dispositionskunst in Ciceros Gerichtsreden, Stuttgart 1975
K.-W. Weeber, Alltag im Alten Rom. Ein Lexikon, Düsseldorf/Zürich 4. A. 1998
K.-W. Weeber, Mit dem Latein am Ende? Tradition mit Perspektiven, Göttingen 1998
F. Wieacker, Römische Rechtsgeschichte I, München 1988
F. Wieacker, Cicero als Advokat, Berlin 1965
Th. Zielinski, Cicero im Wandel der Jahrhunderte, Leipzig/Berlin 4. A. 1929, ND Darmstadt 1967

Stellenregister

Schlagwortregister

Register lateinischer Begriffe

Die Antike
im insel taschenbuch

Apuleius: Der goldene Esel. Mit Illustrationen von Max Klinger zu ›Amor und Psyche‹. Aus dem Lateinischen von August Rode. Mit einem Nachwort von Wilhelm Haupt. it 146

Augustinus: Bekenntnisse. Lateinisch und deutsch. Eingeleitet, übersetzt und erläutert von Joseph Bernhart. Mit einem Vorwort von Ernst Ludwig Grasmück. it 1002

Boethius: Trost der Philosophie. Zweisprachige Ausgabe. Lateinisch und deutsch. Mit einem Nachwort von Ernst Ludwig Grasmück. it 1215

Roberto Calasso: Die Hochzeit von Kadmos und Harmonia. Aus dem Italienischen von Moshe Kahn. it 1476

Catull: Sämtliche Gedichte. Lateinisch und deutsch. Aus dem Lateinischen von Carl Fischer. Mit einem Nachwort von Bernhard Kytzler. it 1736

Epiktet: Wege zum glücklichen Handeln. Aus dem Lateinischen von Wilhelm Capelle. Mit einem Nachwort von Manfred Fuhrmann. it 1458 und Großdruck. it 2359

Epikur: Philosophie der Freude. Briefe, Hauptlehrsätze, Spruchsammlung, Fragmente. Übertragen und mit einem Nachwort versehen von Paul M. Laskowsky. it 1057

Führer durch das klassische Griechenland. Die antiken Texte zur Kunst und zu den Landschaften Griechenlands. Herausgegeben von Hubert Ortkemper. Mit zahlreichen Abbildungen. it 1930

Götter, Spötter und Verrückte. Antike Anekdoten. Herausgegeben von Gerhard Fink. it 1720

Hippokrates: Der Eid des Arztes. Vom Gelöbnis, Leben zu erhalten. Griechisch und deutsch. Neu übersetzt und herausgegeben von Kurt Steinmann. it 1882

Homer: Ilias. Neue Übertragung von Wolfgang Schadewaldt. Mit antiken Vasenbildern. it 153

Ilias. Odyssee. In der Übertragung von Johann Heinrich Voß. it 1204

Horaz: Oden. Lateinisch und deutsch. Neu übertragen von Winfried Tilmann. it 1418

Frauen der Antike. Lexikon antiker Frauen von Aspasia bis Zenobia. it 1898

Bernhard Kytzler / Joachim Latacz / Klaus Sallmann: Lexikon der antiken Autoren. Literarische Porträts von Homer bis Boethius. it 1856

Longus: Daphnis und Chloë. Ein antiker Liebesroman. Aus dem Griechischen übersetzt und mit einem Nachwort von Arno Mauersberger. Mit Illustrationen der »Edition du Régent«. it 136

174/171/12.96

Die Antike
im insel taschenbuch

Marc Aurel: Selbstbetrachtungen. Aus dem Lateinischen von Otto Kiefer. Mit einem Vorwort von Klaus Sallmann. it 1374

Hubert Ortkemper: Olympische Legenden. Geschichten aus dem antiken Olympia. Farbig illustriert von Rolf Köhler. it 1828

Ovid: Liebeskunst. Nach der Übersetzung von W. Hertzberg. Bearbeitet von Franz Burger-München. Mit Abbildungen nach etruskischen Wandmalereien. it 164

– Metamorphosen. In der Übertragung von Johann Heinrich Voß. Mit den Radierungen von Pablo Picasso und einem Nachwort von Bernhard Kytzler. it 1237

Platon: Apologie. Protagoras. Sämtliche Werke I. Ion. Protagoras. Apologie. Kriton. Laches. Lysis. Charmides. Griechisch und deutsch. it 1401

– Euthyphron. Gorgias. Sämtliche Werke II. Euthyphron. Alkibiades I. Gorgias. Menexenos. Griechisch und deutsch. it 1402

– Menon. Kratylos. Sämtliche Werke III. Menon. Kratylos. Euthydemos. Hippias maior. Griechisch und deutsch. it 1403

– Symposion. Phaidon. Sämtliche Werke IV. Hippias minor. Symposion. Phaidon. Griechisch und deutsch. it 1404

– Politeia. Sämtliche Werke V. Politeia. Griechisch und deutsch. it 1405

– Theaitetos. Phaidros. Sämtliche Werke VI. Phaidros. Theaitetos. Griechisch und deutsch. it 1406

– Sophistes. Politikos. Sämtliche Werke VII. Parmenides. Sophistes. Politikos. Griechisch und deutsch. it 1407

– Timaios. Kritias. Sämtliche Werke VIII. Philebos. Timaios. Kritias. Griechisch und deutsch. it 1408

– Nomoi. Sämtliche Werke IX. Nomoi. Griechisch und deutsch. it 1409

– Briefe. Sämtliche Werke X. Briefe. Unechtes. Griechisch und deutsch. it 1410

– Das Trinkgelage oder Über den Eros. Übertragung, Nachwort und Erläuterungen von Ute Schmidt-Berger. Mit einer Wirkungsgeschichte von Jochen Schmidt und griechischen Vasenbildern. it 681

Sappho: Strophen und Verse. Übersetzt und herausgegeben von Joachim Schickel. it 309

Gustav Schwab: Sagen des klassischen Altertums. 3 Bde. Mit sechsundneunzig Zeichnungen von John Flaxman und einem Nachwort von Manfred Lemmer. it 127

Seneca für Manager. Sentenzen. Ausgewählt und übersetzt von Gerhard Schoeck. it 1656

174/172/12.96

Die Antike
im insel taschenbuch

Seneca: Vom glücklichen Leben. Philosophische Schriften und Briefe. Herausgegeben und aus dem Lateinischen übertragen von Heinz Berthold. it 1457

– Von der Seelenruhe. Philosophische Schriften und Briefe. Herausgegeben und aus dem Lateinischen übertragen von Heinz Berthold. it 743

Sophokles: Aias. Übertragen von Wolfgang Schadewaldt. Herausgegeben von Hellmut Flashar. Mit zahlreichen Abbildungen. it 1562

– Antigone. Übertragen und herausgegeben von Wolfgang Schadewaldt. Mit einem Nachwort, einem Aufsatz, Wirkungsgeschichte und Literaturhinweisen. it 70

– Antigone. Übersetzt von Hölderlin. Bearbeitet von Martin Walser und Edgar Selge. it 1248

– Elektra. Übertragen von Wolfgang Schadewaldt. Herausgegeben von Hellmut Flashar. Mit zahlreichen Abbildungen. it 1616

– König Ödipus. Übertragen und herausgegeben von Wolfgang Schadewaldt. Mit einem Nachwort, drei Aufsätzen, Wirkungsgeschichte und Literaturnachweisen. it 15

– Ödipus auf Kolonos. Übertragen von Wolfgang Schadewaldt. Herausgegeben von Hellmut Fischer. Mit zahlreichen Abbildungen. it 1782

Tacitus: Germania. Zweisprachig. Übertragen und erläutert von Arno Mauersberger. it 471

174/173/12.96

Das Mittelalter
im insel taschenbuch

Joseph Bédier: Der Roman von Tristan und Isolde. Mit Holzschnitten von 1484. Deutsch von Rudolf G. Binding. it 387

Otto Borst: Alltagsleben im Mittelalter. Mit zeitgenössischen Abbildungen. it 513

Dante: Die Göttliche Komödie. Mit fünfzig Holzschnitten von Botticelli. Deutsch von Friedrich Freiherr von Falkenhausen. 2 Bde. it 94

Das Evangeliar Heinrichs des Löwen. Erläutert von Elisabeth Klemm. Mit farbigen Bildtafeln. it 1121

Geschichten aus dem Mittelalter. Herausgegeben von Hermann Hesse. Aus dem Lateinischen übersetzt von Hermann Hesse und J. G. T. Graesse und mit Nacherzählungen von Leo Greiner. Neu zusammengestellt von Volker Michels. it 161

Herman Grimm: Das Leben Michelangelos. it 1758

Helmut Hiller: Heinrich der Löwe. Herzog und Rebell. Eine Chronik von Helmut Hiller. it 922

Ibn Hazm al Andalusi: Von der Liebe und den Liebenden. Aus dem arabischen Urtext übertragen von Max Weißweiler. it 1757

Klosterleben im deutschen Mittelalter. Nach zeitgenössischen Quellen von Johannes Bühler. Mit zahlreichen Abbildungen. Herausgegeben von Georg A. Narciß. it 1135

Christoph Kolumbus: Bordbuch. Mit einem Nachwort von Frauke Gewecke und zeitgenössischen Illustrationen. it 476

Thomas Malory: Die Geschichten von König Artus und den Rittern seiner Tafelrunde. 3 Bde. Übertragen von Helmut Findeisen auf der Grundlage der Lachmannschen Übersetzung. Mit einem Nachwort von Walter Martin. Mit Illustrationen von Aubrey Beardsley. it 239

Meister Eckhart: Das Buch der göttlichen Tröstung. Ins Neuhochdeutsche übertragen von Josef Quint. it 1005

Minnesinger. In Bildern der Manessischen Liederhandschrift. Mit Erläuterungen herausgegeben von Walter Koschorreck. Vierundzwanzig Abbildungen. it 88

Die Nibelungen. In der Wiedergabe von Franz Keim. Mit Illustrationen von Carl Otto Czeschka. Mit einem Vor- und Nachwort von Helmut Brackert. Im Anhang die Nacherzählung ›Die Nibelungen‹ von Gretel und Wolfgang Hecht. it 14

Francesco Petrarca: Dichtungen. Briefe. Schriften. Auswahl und Einleitung von Hanns W. Eppelsheimer. it 486

Der Sachsenspiegel in Bildern. Aus der Heidelberger Bilderhandschrift ausgewählt und erläutert von Walter Koschorreck. it 218

173/174/12.96

Das Mittelalter im insel taschenbuch

Der tanzende Tod. Mittelalterliche Totentänze. Herausgegeben, eingeleitet und übersetzt von Gert Kaiser. it 647

François Villon: Sämtliche Dichtungen. Zweisprachige Ausgabe. Aus dem Französischen von Walther Küchler. it 1039

173/175/12.96